Über dieses Buch

Der Band »Die Psychologie der Folter« beschäftigt sich mit drei Themenkomplexen: mit den perfiden, ausgeklügelten Techniken der Psychofolter, mit der Psychologie des Folterers und mit den psychischen Folgeschäden bei Folteropfern. Etwa seit Beginn der 70er Jahre werden immer häufiger statt physischer Folterungen psychische Foltertechniken eingesetzt, z. T. bedingt durch den Druck der weltweiten Menschenrechtsbewegung – denn die psychische Tortur, die sog. »saubere« Folter, läßt sich viel schwerer nachweisen als die physische Folterung, die deutliche Spuren hinterläßt.
Nach einer Darstellung des Psychomißbrauchs setzt sich der Autor mit der Frage auseinander, ob es sich bei Folterern um sadistische, krankhafte Persönlichkeiten handelt oder eher um »normale« Bürger, die unter starkem hierarchisch-autoritären Druck sich destruktiv verhalten müssen. Schließlich wird beschrieben, welche Auswirkungen die Folter auf die Psyche der Gefolterten hat, welches seelische Leid bei den Folteropfern, bei deren Kindern und darüber hinaus in der Seele eines unterdrückten Volkes hervorgerufen wird. Die Tortur ist bei vielen Folteropfern noch lange nicht zu Ende, wenn sie befreit oder entlassen werden. Die Foltererlebnisse kehren in Gestalt verschiedenster psychischer Symptome zurück. – Im letzten Teil wird gezeigt, was im Kampf gegen die Folter im allgemeinen und gegen die Psychofolter im besonderen getan werden kann.

amnesty international

Gustav Keller

Die Psychologie der Folter

Die Psyche der Folterer
Die Psycho-Folter
Die Psyche der Gefolterten

Fischer
Taschenbuch
Verlag

Originalausgabe
Fischer Taschenbuch Verlag
November 1981
Umschlagentwurf: Jan Buchholz / Reni Hinsch
Fischer Taschenbuch Verlag GmbH, Frankfurt am Main

Gesamtherstellung: Hanseatische Druckanstalt GmbH, Hamburg
Printed in Germany
580-ISBN-3-596-23441-7

Inhalt

1. Einleitung

»Niemand darf der Folter oder grausamer, unmenschlicher oder erniedrigender Behandlung oder Strafe unterworfen werden.« (Artikel 5 der Allgemeinen Erklärung der Menschenrechte vom 10. 12. 1948)
»Kein Staat darf Folter oder andere grausame, unmenschliche oder erniedrigende Behandlung oder Strafe zulassen oder dulden. Außergewöhnliche Umstände wie auch immer geartete öffentliche Notstandssituationen dürfen nicht als Rechtfertigung für Folter oder andere grausame, unmenschliche oder erniedrigende Behandlung oder Strafe geltend gemacht werden.« (Erklärung über den Schutz vor Folter und anderer grausamer Behandlung vom 9. 12. 1975)
»Der Psychiater darf sein berufliches Wissen und Können niemals zur Mißhandlung von Einzelpersonen oder Gruppen benutzen.« (Eine der auf dem 4. Weltkongreß für Psychiatrie 1977 in Honolulu verabschiedeten ethischen Richtlinien)
»Der Psychologe darf sein berufliches Wissen und seine Fertigkeiten nicht dafür hergeben, um die Durchführung von Folter und anderer grausamer, unmenschlicher oder erniedrigender Behandlung oder Bestrafung zu ermöglichen, zu fördern oder anzuleiten.« (Eine der auf dem 21. Internationalen Kongreß für Psychologen in Paris 1976 verabschiedeten ethischen Richtlinien)

Es gibt mehrere Gründe dafür, warum dieses Buch den Titel »Psychologie der Folter« trägt. Zum einen werden mit dem Begriff »Folter« immer noch zu sehr physische Methoden assoziiert. Hierzu trägt sicherlich die tägliche Berichterstattung in den Massenmedien bei, die teils, um Aufmerksamkeit zu erregen, teils aus menschenrechtlichen Motiven illustrativ darüber informiert, wie sehr der Mensch dem Menschen ein Wolf sein kann. Doch dieses in den Medien vermittelte Folterbild entspricht nicht mehr den momentan praktizierten Foltermethoden.

Es hat sich in den siebziger Jahren ein Wandel vollzogen, in dessen Verlauf körperliche Foltertechniken immer häufiger durch psychische Foltertechniken ergänzt oder ersetzt wurden. Dieser Wandel wurde teilweise auch durch den Druck der weltweiten Menschenrechtsbewegung bedingt. Die psychische Tortur läßt sich viel schwerer nachweisen als die physische Folterung, die deutlichere Spuren hinterläßt. Deshalb sind die Menschenrechtsverletzer dazu übergegangen, mittels klassischer Gehirnwäsche, moderner Psychotechniken, Psychiatrisierung und psychopharmakologischer Behandlung Oppositionelle und Dissidenten zu traktieren.

Diese Verfeinerung der Foltermethoden bezeichnen Lauret und Lasierra[1] als *torture propre* (saubere Folter). Die rein körperliche Folter nimmt ab. An ihre Stelle tritt der Mißbrauch psychologisch-psychiatrischer Erkenntnisse und Methoden, geplant und teilweise auch durchgeführt von *white-collar*-Folterern.

Der Trend zur »sauberen« Folter schlägt sich bereits in einer Definiton nieder, die in einer Entschließung der UNO zum Thema Folter zu finden ist:

»Unter Folter im Sinne dieser Erklärung ist jede Handlung zu verstehen, durch die einer Person von einem Träger staatlicher Gewalt oder auf dessen Veranlassung hin vorsätzlich starke körperliche oder geistig-seelische Schmerzen oder Leiden zugefügt werden, um von ihr oder einem Dritten eine Aussage oder ein Geständnis zu erzwingen, sie für eine tatsächlich oder mutmaßlich von ihr begangene Tat zu bestrafen oder sie oder andere Personen einzuschüchtern.«[2]

Aber nicht nur der Psychomißbrauch gehört zum Themenfeld »Psychologie der Folter«. Immer wieder gefragt wird zum anderen auch nach der Psychologie des Folterers. Da die Psychologie den Anspruch erhebt, menschliches Verhalten erklären zu können, muß sie sich mit dieser Frage auseinandersetzen. Sie muß prüfen, ob es sich bei Folterern um sadistische, krankhafte Persönlichkeiten handelt oder eher um normale Bürger, die unter starkem hierarchisch-autoritären Druck destruktiv handeln müssen. Es ist an der Zeit, hierüber ausführlicher zu reflektieren. Denn wie im Strafrecht, so wird auch bei der Analyse von Menschenrechtsverletzungen der Blick allzusehr auf die Tat und allzuwenig auf die Persönlichkeit und den sozialen Kontext der Täter gelenkt. Erkenntnisse über die Psychologie des Folterers könnten dazu beitragen, den Kampf gegen die Folter nicht nur kurzfristig, sondern auch langfristig zu führen, und zwar im Rahmen der Friedens- und Menschenrechtserziehung. Die wissenschaftliche Psychologie hat sich mit der Psychologie des Folterers bisher erschreckend wenig beschäftigt. Zu dieser Erkenntnis muß man gelangen, wenn man die Sachregister der umfangreichen Forschungsliteratur zum Thema Aggression durchforstet. Wenn die Folter überhaupt angesprochen wird, dann meistens in bezug auf die Milgramschen Gehorsamsexperimente.[3] So läßt sich an Hand dieses Erkenntnisdefizits wieder einmal feststellen, daß sich die wissenschaftliche Psychologie bei der Auswahl ihrer Forschungsthemen von der aktuellen politischen und gesellschaftlichen Realität nicht besonders stark anleiten läßt.

Weiterhin wird von der Psychologie auch erwartet, daß sie sich mit der Erforschung der psychischen Wirkung von Folter beschäftigt. Man möchte wissen, welches seelische Leid bei den Folteropfern, bei deren Kindern und darüber hinausgehend in der Seele eines unterdrückten Volkes hervorgerufen wird. Die Tortur ist bei vielen Folteropfern noch lange nicht zu Ende, wenn sie befreit oder entlassen werden. Die Foltererlebnisse kehren in Gestalt verschiedenster psychischer Symptome zurück.

Sich mit der Psychologie der Folter zu beschäftigen, bedeutet aber nicht nur das Analysieren von Folterern, Foltermethoden und Folterfolgen. Deshalb wird im letzten Kapitel aufgezeigt, was im Kampf gegen die Folter im allgemeinen und gegen die Psychofolter im besonderen getan werden kann.

2. Psychologie des Folterers

»Ich kann mich noch genau erinnern, wie ich zitterte, weil ich nicht mehr gehen konnte. Aus meinem Mund floß Blut. Einer der Folterer lachte und lachte und sagte: ›Schau, wie du aussiehst!‹ Sie haben Spaß an der Folter, sie sind Sadisten.« (Bericht eines brasilianischen Studentenehepaares)
»Erstens gibt es unter den Wachtposten eines Lagers ausgesprochene Sadisten, im strengen klinischen Sinne verstanden. Zweitens wurden die Sadisten eben ausgesucht, wann immer es galt, eine scharfe Bewachungsmannschaft zusammenzustellen.« (Viktor E. Frankl, ... trotzdem Ja zum Leben sagen)
»Die Durchschnittsperson, die dem Opfer Schocks versetzte, tat dies aus einem Gefühl von Verpflichtung heraus – aufgrund eines Konzepts von ihren Pflichten als Versuchsperson –, nicht etwa wegen besonders aggressiver Tendenzen.« (Stanley Milgram, Das Milgram-Experiment)
»Situationsbedingte Faktoren üben einen entscheidenden Einfluß aus und wiegen zur Erklärung destruktiven Verhaltens meistens schwerer als sämtliche konzeptionellen Persönlichkeitsmerkmale.
Situationsbedingte Faktoren, die destruktives Verhalten provozieren, erhalten ihren Zwangscharakter durch Autoritäten, Institutionen und Ideale, die Gehorsam fordern und oft eine derartige Zerstörung legitimieren.« (Hans Askenasy, Sind wir alle Nazis?)

2.1. Persönlichkeitspsychologische Sichtweise

Wissenschaftliche Untersuchungen über persönlichkeitsspezifische Merkmale von Folterern gibt es kaum. Wie sollte man diese auch wissenschaftlich untersuchen können, wenn die meisten Folterer nicht einmal gerichtlich »untersucht« werden können? Totalitäre Staaten haben oft eine lange Lebensdauer, und viele Folterer überleben ihre Opfer. Dennoch stehen

Berichte, Beschreibungen und Beobachtungen zur Verfügung, aus denen man einige, letzten Endes aber nur hypothesenartige Rückschlüsse ziehen kann.
An erster Stelle wären unmittelbare Beobachtungen zu nennen, die von den Folteropfern selbst stammen. Obwohl die Gefahr besteht, daß die Wahrnehmung des Folteropfers durch seine schmerzhaften und leidvollen Erfahrungen verzerrt wird, so läßt sich doch aus der Vielzahl der Beobachtungen, die in den unterschiedlichsten Ländern gemacht worden sind, einiges über die psychische Beschaffenheit der Folterer entnehmen. An zweiter Stelle rangieren Aussagen, die von Angehörigen, Freunden und Bekannten der Folterer vor Gericht oder außerhalb über die Person des Folterers gemacht worden sind. An dritter Stelle stehen Selbstbeobachtungen, die der Folterer, was eher Ausnahme ist, später in wegen seiner Menschenrechtsverletzungen gegen ihn geführten Gerichtsverfahren oder in Biographien der Öffentlichkeit mitgeteilt hat.
Zu fragen ist nun, welche individuellen und persönlichkeitsspezifischen Bedingungen dafür verantwortlich sind, daß Menschen andere Menschen durch Elektroschocks, Schläge, Schlafdeprivation, sensorische Deprivation, Brandverletzungen, Genitalverletzungen, Scheinerschießungen, Psychopharmaka usw. foltern. Diese Frage wird zu beantworten versucht, obwohl in den letzten Jahren (siehe Kapitel 2.2 und 2.3) immer deutlicher aufgezeigt worden ist, daß die Folterhandlung nicht nur dem Folterer anzulasten ist, sondern auch und vor allem dem sozialen und politischen Kontext, in dem er seine Folterbefehle empfängt. Demnach muß psychologisch geprüft werden, welche individuellen Bedingungen für das Foltern mitverantwortlich sind. Denn so abhängig vom sozialen Druck ist der Mensch nun auch wieder nicht. Er ist kein total vergesellschaftetes Wesen. Zumindest scheint die Bereitschaft, auf Folterbefehle mit Gehorsam zu reagieren, nicht bei jedem Menschen gleich stark ausgeprägt zu sein. Denn in den Milgramschen Gehorsamsexperimenten sowie in Ernstsituationen gibt es immer wieder Menschen, die Ethik und blinden Gehorsam auseinanderhalten können.
Die erste Hypothese, die das Foltern persönlichkeitspsychologisch erklären könnte, lautet, daß der Folterer durch seine Handlungen Aggression lustvoll ausagiert. Er hat Spaß am Traktieren und Quälen. Er verfügt über wenig personinterne Steuerungsmöglichkeiten. Weder das Über-Ich als Repräsen-

tant von Werten und Normen noch das Ich als Steuerungszentrum der Person sind in der Lage, das Ausleben aggressiver Triebregungen zu verhindern. In tiefenpsychologischer Terminologie ausgedrückt handelt es sich um einen Folterer mit sadistischer Charakterstruktur.

Betrachtet man einzig und allein das destruktive Verhalten des Folterers, dann könnte man fast zur Annahme geneigt sein, jeder Folterer sei ein Sadist, bar jeder Fähigkeit zur Triebsteuerung und bar jeder Fähigkeit, sich mit dem leidenden Opfer zu identifizieren. Bezieht man jedoch den sozialpsychologischen und politischen Kontext in die Analyse des Folterers ein, so kann man den sadistischen, zu keinem Mitleid fähigen Folterer nicht zum Universaltyp erklären. Ganz verwerfen kann man die Sadismushypothese dennoch nicht. Nach Berichten von Gefolterten und Augenzeugen von Folterungen scheint es Folterer zu geben, aus deren Verhalten auf eine sadistische Persönlichkeitsdisposition geschlossen werden kann. Hierunter fallen vor allem jene Folterer, die ihre Aggressivität und Sexualität am Opfer bis aufs äußerste ausagieren.

Es ist anzunehmen, daß solche dem sadistischen Foltertyp angehörenden Menschen nicht erst in den Folterinstitutionen eine derartige Charakterstruktur ausgebildet haben, sondern innerhalb einer längeren Entwicklung. Vielleicht waren sie in ihrer Kindheit selbst Opfer von Aggressionen. Vielleicht hatten sie in Gestalt der Eltern oder anderer Personen Modelle, die ihnen das Ausagieren der Aggressivität vorspielten.

Personen, die durch einen triebhaft aggressiven Charakter gekennzeichnet sind, werden bei der Suche nach Tätigkeiten bzw. beruflichen Möglichkeiten von Institutionen der Gewaltanwendung besonders stark angezogen. Dies gilt vor allem dann, wenn autoritäre Staaten zur Abwehr und Bekämpfung politischer Gegner Sonderinstitutionen einrichten oder in bereits bestehenden Institutionen nach Exekutoren ihrer destruktiven Befehle suchen.

Wenn in der Armee, im Strafvollzug oder bei der Polizei menschenrechtsverletzender Staaten Gewalt im Sinne von Folter institutionalisiert wird und hierzu Aggressoren gebraucht werden, findet eine gewisse psychologische Selektion statt. Sadistisch prädisponierten Persönlichkeiten wird im Verlauf der Rekrutierung und Anwerbung eher eine Folterrolle zugewiesen als Personen, bei denen die Aggressivität weniger stark ausgeprägt ist. Welcher psychologische Typ dabei selektiert wird, beschreibt E. Kogon in seiner Analyse des SS-Staates: »In sie wirken weder echte Einsichten noch echte Ideale hinein, sie suchen triebhaft nur Auswege in vorgeschriebenen Bahnen der Entladung. Alle SS-Leute, die meine Freunde und ich kennengelernt haben, waren in diesem Sinne Barbaren, trugen kein Element echter Kultur in sich, das heißt, die Fähigkeit, Geist und Triebe in einer beständigen kritischen Auseinandersetzung mit sich, mit der Umwelt und in allgemeinen gültigen Normen zu einer höheren seelischen Einheit zusammenwirken zu lassen.«[1]

Bisweilen reicht dem eben beschriebenen Sado-Folterer die Gelegenheit, die ihm die Folterinstitution gewährt, nicht aus, seine Triebimpulse genügend auszuagieren. In Folterberichten ist hin und wieder davon die Rede, daß Armeeangehörige, Polizisten oder Gefängnispersonal über dienstlich angeordnete Folterungen hinaus ihr Handwerk auf eigene Faust fortsetzen. Entweder wird außerhalb der Dienstzeit Jagd gemacht auf politische Oppositionelle, die gefoltert oder getötet werden.[2] Oder Inhaftierte werden wahllos herausgegriffen und den üblichen Folterprozeduren nochmals unterzogen, vom Schlagen bis zur Vergewaltigung. Solche Folterhandlungen geschehen weniger, um Geständnisse und Informationen herauszupressen, sondern aus purer Lust an der Destruktion. Die Tatsache, daß selbst das dienstlich angeordnete Foltern zur Triebbefriedigung nicht ausreicht, scheint eine wichtige Bestätigung für die Existenz des sadistischen Folterers zu sein. Er braucht die Betätigung in außerjustitiablen Verfolgungsorganen wie z. B. in den Todesschwadronen in Argentinien, Brasilien oder Uruguay, und er foltert auf eigene Faust zwischen offiziellen Folterterminen, damit er seine überschüssigen, aggressiven und sexuellen Triebbedürfnisse abreagieren kann.

Neben den Sado-Folterern gibt es auch Folterer, die über mehr Normen, Wertvorstellungen und personinterne Steuerungsmöglichkeiten verfügen. Zu fragen wäre nun, warum diese Personen dennoch in der Lage sind, andere Menschen unmenschlich und grausam zu behandeln.

Die hypothesenartige Antwort lautet: Sie sind nicht wie der Sado-Folterer ihrer Aggressionstendenz ausgeliefert, sondern der blinden Tendenz zu gehorchen. Sie besitzen kaum eine autonome Steuerung, sondern werden gesteuert durch ein überstarkes, durch Überidentifikation entstandenes Über-Ich. Eine solche Persönlichkeitsstruktur kann das Foltern genauso erleichtern wie eine sadistische Persönlichkeitsstruktur. Denn, was heißt schon Über-Ich? Es ist zunächst nur die Summe verinnerlichter Verbote und Gebote. Durch ein starkes Über-Ich gesteuert werden bedeutet noch lange nicht, daß man dadurch schon moralisch handeln kann, indem man beispielsweise das Gebot zu gehorchen dem Verbot zu quälen in einer autonomen Entscheidung unterordnet. Hier wird die Schwachstelle des zweiten Foltertyps sichtbar. Die Hörigkeit, Unterwürfigkeit, die Angst vor Autoritäten sind bei ihm in überstarkem Maße vorhanden. Sie dominieren alle übrigen internalisierten Normen.

Was den »Gehorsams-Folterer« im wesentlichen ausmacht, ist die Empfänglichkeit für die Appelle und Befehle seiner Autoritäten, die Bereitschaft, diese reflexhaft in Handlungen umzusetzen, ohne zu prüfen, ob sie mit menschlichen Werten überhaupt vereinbar sein können. Das Über-Ich dieses Foltertyps funktioniert wie ein Automatismus, der auf hierarchische Reize sofort mit entsprechenden Handlungen antwortet. Auch wenn manche Folterer betonen, Christ zu sein und regelmäßig die heilige Messe zu besuchen, so mögen christliche Werte wie das Gebot der Nächstenliebe oder das Verbot des Tötens für sie zwar existent sein, jedoch in der normativen Hierarchie des Über-Ichs nur einen unteren Rang einnehmen. Autoritätsfiguren, die die Entwicklung des Über-Ichs zu einem Gehorsamsautomaten wesentlich beeinflußt haben, wundern sich dann auch noch, wenn sie wie im folgenden Fall vor Gericht erscheinen müssen, weil ihre Söhne wegen Folterns angeklagt sind.

»Wir sind eine arme, aber anständige Familie, und nun sehe ich ihn als Folterer auf der Anklagebank. Ich möchte das Gericht bitten zu untersuchen, wie es möglich ist, daß ein Junge, von dem alle sagten, er sei ein Schmuckstück, zum Folterer werden konnte. Wer hat meine Familie und mein Heim zugrunde gerichtet?«[3]

Während der sadistische Folterer wegen seiner Handlungen kaum unter Leidensdruck gerät, scheint der »Gehorsams-Folterer« mit dem überstarken Über-Ich Schwierigkeiten zu haben, seine Folterhandlungen zu verarbeiten. Obwohl er in der Foltersituation destruktive Befehle umsetzt, machen ihm danach andere Gebote und das Mitleid im allgemeinen zu schaffen. In der Befehlssituation identifiziert er sich noch mit dem Befehlenden. Nachher jedoch kann er oft nicht umhin, sich mit dem Opfer zu identifizieren.

Manche Folterer greifen deshalb zu Alkohol und Drogen, um das eigene Gewissen zu beruhigen.[4] Aus Griechenland wird berichtet, daß in Folterinstitutionen tätige Soldaten aufgrund der Zuspitzung ihrer inneren Widersprüche schizophren geworden sind.[5] In welche Schwierigkeit psychischer Erlebnisverarbeitung der gehorsamsgelenkte Folterer geraten kann, beschreibt der Psychiater Franz Fanon in »Die Verdammten dieser Erde« am Beispiel eines europäischen Polizisten, der in Algerien an der Folterung von Freiheitskämpfern beteiligt wurde.

»Was ihm auf die Nerven fällt, sind die Schreie, die er nachts hört und die ihn nicht schlafen lassen. Und er erzählt uns, daß er seit einigen Wochen vor dem Schlafengehen tatsächlich die Fensterläden schließt und die Ritzen verstopft (wir sind mitten im Sommer) zur großen Verzweiflung seiner Frau, die vor Hitze erstickt. Außerdem steckt er sich Watte in die Ohren, um die Heftigkeit der Schreie zu dämpfen. Manchmal dreht er sogar mitten in der Nacht das Radio an und legt Platten auf, um dieses nächtliche Geschrei nicht zu hören.«[6]

Eine dritte Erklärungsmöglichkeit bietet die Individualpsychologie Alfred Adlers.[7] Nach dessen tiefenpsychologischer Lehre kann Aggression der Versuch sein, Minderwertigkeitsgefühle und Minderwertigkeitskomplexe auszugleichen. Menschen, die durch organische Schwächen oder Underdog-Positionen Minderwertigkeitsgefühle entwickelt haben, können dazu tendieren, diese durch Grausamkeit, Boshaftigkeit, Quälereien oder Haß zu kompensieren. Solche kompensatorischen Reaktionen verdichten sich dann immer mehr zu aggressiven Charakterzügen. Hieraus entsteht eine antisoziale Persönlichkeit.

Auf KZ-Folterer und Folterer dieser Tage können die Adlerschen Kategorien durchaus angewandt werden. Denn es gibt Folterer, die langfristig wie auch kurzfristig Minderwertigkeitsgefühle akkumuliert haben. Auf diesen Aspekt hat Kogon in seiner Analyse des SS-Staates ebenfalls verwiesen: »Die Minderwertigkeit, ob sie nun im Verstand, im Gemüt, im Willen, in der Phantasie oder in der vielfältigen Vergesellschaftung der Eigenschaften der menschlichen Seele lag, führte sie zur SS, wo sie ohne viel Federlesens unter behaupteten Höherwertigkeiten Unterschlupf fand, hielt sie daran fest und trieb sie von Laster zu Laster, von Verbrechen zu Verbrechen.«[8]

Dadurch, daß der Folterer die Möglichkeit erhält, andere Menschen durch Folterungen physisch und psychisch zu traktieren, wird seine Minderwertigkeit in Höherwertigkeit, seine Ohnmacht in Macht verwandelt. Eine derartige Machtausübung führt zumindest eine Zeitlang zur Auflösung von Minderwertigkeitskomplexen. Sie verleiht ihm ein Machtgefühl, das er außerhalb der Folterinstitutionen, in natürlichen zwischenmenschlichen Beziehungen nie hätte erreichen können.

Anhaltspunkte dafür, warum der Mensch den Menschen foltert, könnte auch die Frustrations-Aggressions-Theorie von Dollard, Doob, Miller, Mowrer und Sears[9] liefern. Sie besagt, daß ständige Versagungen zu Aggressionen führen. Dabei braucht die Aggression sich nicht unbedingt gegen den Frustrator zu richten, sondern es kann auch zur Verschiebung der Aggressionsrichtung kommen. Dieser Verschiebungseffekt ist unbedingt zu berücksichtigen, will man die Frustrations-Aggressions-Theorie zur psychologischen Erklärung des Folterers heranziehen.

Wie kann der Folterer aber dermaßen frustriert worden sein, daß er so starke Frustrationserlebnisse entwickelt und diese dann am Folteropfer aggressiv ausagiert? Die Hauptursachen dafür liegen im niedrigen Rangplatz, den er in der Hackordnung von Armee, Polizei oder Strafvollzug einnimmt, sowie im harten Drill, dem die mit Folterungen beauftragten Spezialeinheiten oft ausgesetzt sind. Solche frustrierenden Situationen produzieren Gefühle von Zorn, Wut, Ärger oder Haß. Diese an hierarchisch höher Positionierten auszulassen, dürfte angesichts drohender Konsequenzen und Sanktionen kaum möglich sein. Deshalb wird die Frustration nicht am eigentlichen Frustrator abreagiert, sondern am Folteropfer. Von diesem Frustrations-Aggressions-Mechanismus machte die Militärpolizei ESA der griechischen Militärdiktatur ganz gezielt Gebrauch. Wehrpflichtige ESA-Soldaten wurden nicht nur militärischer Zucht unterworfen, sondern sogar selbst gefoltert. Hierzu sagte der Student Ioannis Kontos, der zwei Jahre in der ESA diente, vor Gericht folgendes aus: »Es ist durchaus berechtigt zu sagen, daß wir mehr litten als manche Gefangene. Wir wurden dazu gezwungen zu vergessen, was wir in Schule und Familie gelernt hatten. Sie versuchten, das Tier in uns wachzurütteln.«[10]

Es wurde hier es an Hand von vier psychodynamischen Hypothesen zu erklären versucht, warum der Folterer auf derart grausame und unmenschliche Weise handeln kann. Die Folterer könnten persönlichkeitspsychologisch differenzierter be-

schrieben werden, als es in diesen Erklärungsansätzen zum Ausdruck kommt. Aufgrund der Tatsache jedoch, daß viele Folterer ihr Leben straffrei verbringen können und die menschliche Gesellschaft deshalb nur wenig Chancen hat, über ihre individuellen Umstände beispielsweise vor Gericht Näheres zu erfahren, wird man sich mit Hypothesen begnügen müssen.
Im übrigen wäre es auch nicht vorteilhaft, den Schwerpunkt der Folterforschung auf den individuellen Hintergrund des Folterers zu verlagern. Dies hätte nämlich zur Folge, daß allein der Folterer für sein Verhalten zur Rechenschaft gezogen würde. Ausgeblendet und weitgehend ungestraft blieben die Einflüsse und Verantwortlichkeiten der sozialen Gruppen, der Institutionen und des Staates. Wie stark und in welcher Weise der sozialpsychologische und politische Kontext den Folterer beeinflußt, ist Gegenstand der folgenden Teilkapitel.

2.2. Sozialpsychologische Sichtweise

Will man die Frage, warum der Mensch foltert, sozialpsychologisch beantworten, so darf man den Folterer nicht personintern analysieren. Man muß vielmehr danach fragen, welchen Einfluß die interpersonalen Beziehungen auf die Folterbereitschaft haben. Licht in das Dunkel der Sozialbeziehungen des Folterers hat der amerikanische Sozialpsychologe Stanley Milgram mit seinen Gehorsamsexperimenten gebracht.[11]
Milgram wollte mittels sozialpsychologischer Experimente herausfinden, inwiefern Menschen bereit sind, anderen Menschen auf Geheiß einer Autoritätsperson Schmerz zuzufügen. Die Teilnehmer des Experiments wurden per Zeitungsanzeige sowie durch direkte briefliche Aufforderung angeworben. Sie wurden darum gebeten, sich für eine Untersuchung über Gedächtnis- und Lernvermögen zur Verfügung zu stellen. Die Teilnehmer rekrutierten sich aus den verschiedensten soziodemographischen Gruppen.
In der Experimentalsituation trifft nun der Teilnehmer den Experimentator bzw. Versuchsleiter sowie einen zweiten, vermeintlichen Teilnehmer. Der Versuchsleiter erklärt den angeblichen Sinn des Experiments. Erforscht werden soll die Wirkung von Bestrafung auf den Lernprozeß. Per Los soll bestimmt werden, welcher der beiden Teilnehmer die Rolle des Lehrers oder Schülers übernimmt. Die Verlosung wird so

gesteuert, daß der eigentliche, angeworbene Teilnehmer »Lehrer« wird und der zweite Teilnehmer, Strohmann des Experimentators, die Schülerrolle übernimmt.
Nach der Verlosung gehen alle drei Personen in einen Nebenraum. Dort wird der »Schüler« auf einen elektrischen Stuhl gesetzt. Anschließend werden an seinem Handgelenk Elektroden angelegt. Dem »Lehrer« wird erklärt, daß die Elektroden mit einem Schockgenerator in einem anderen Raum zusammenhängen. Dem »Schüler« wird gesagt, daß die Elektroschocks äußerst schmerzhaft sein können, aber keine Gewebsschädigungen verursachen würden.
Nun wird das Lern-Experiment erklärt. Der »Lehrer« muß über Mikrophon eine Lernaufgabe vorlesen. Der »Schüler« muß die richtige Antwortalternative per Knopfdruck übermitteln. Ist die Antwort falsch, soll der »Lehrer« per Elektroschock den Schüler bestrafen. Die Verabreichung der Elektroschocks nimmt der »Lehrer« mit Hilfe des Schockgenerators vor, der in einem anderen Raum steht. Die Schalttafel des Schockgenerators hat 30 Hebel, die von 15 Volt bis 450 Volt reichen. Je vier Hebel sind noch in bezug auf die Schockstärke beschriftet: leichter Schock – mäßiger Schock – mittlerer Schock – kräftiger Schock – schwerer Schock – Gefahr: bedrohlicher Schock. Unter den letzten beiden Hebeln steht lediglich XXX. Bevor das Lernexperiment endgültig startet, erhält der »Lehrer« noch einen Probeschock von 45 Volt. Er soll den Eindruck bekommen, daß der »Schüler« auch tatsächlich Elektroschocks erhält. Außerdem wird dem »Lehrer« gesagt, daß er dem »Schüler« im Falle einer Falschantwort vor der Verabreichung eines Elektroschocks die Volthöhe mitteilen solle. Die erste Bestrafung müsse bei 15 Volt beginnen, die nächste 15 Volt stärker sein usw. Diese Reihenfolge sei strikt einzuhalten.
Jetzt beginnt das Experiment. Führt der »Lehrer« die vom Versuchsleiter vorgegebenen Anordnungen aus, dann erhält er akustisch die Rückmeldungen seines »Schülers«. Bei Schocks zwischen 75 und 150 Volt antwortet er mit Seufzern und Stöhnen, zwischen 165 und 230 Volt mit schmerzerfüllten Schreien. Wütender Protest erhebt sich zwischen den Voltzahlen 245 und 300. Schreie der Verzweiflung und Weinen hört man zwischen 315 und 375 Volt. Zwischen 390 und 450 Volt herrscht dann plötzlich »tödliche« Stille. Diese Rückmeldungen des »Schülers« wurden zuvor von einem Schauspieler auf

Band »gesprochen«, und werden immer dann abgespielt, wenn der »Lehrer« einen Hebel des Schockgenerators drückt. Natürlich steht der »Lehrer« auch in Verbindung mit dem Versuchsleiter. Wird er unsicher oder beginnt er zu zaudern, versucht der Versuchsleiter ihn anzuspornen:

Ansporn 1: Bitte, fahren Sie fort! Oder: Bitte machen Sie weiter!

Ansporn 2: Das Experiment erfordert, daß Sie weitermachen!

Ansporn 3: Sie müssen unbedingt weitermachen!

Ansporn 4: Sie haben keine Wahl, Sie müssen weitermachen![12]

Das Experiment ist dann beendet, wenn auch der 4. Ansporn den »Lehrer« nicht zum Weitermachen bewegen kann. Fragen nach körperlichen Schädigungen werden dahingehend beantwortet, daß die Schocks keine Gewebsschädigung verursachen würden.

Wie sehen nun die Ergebnisse aus? Wieviel Prozent der »Lehrer« sind bereit, Gehorsam zu leisten bzw. den Gehorsam zu verweigern? Verändert sich die Gehorsamsbereitschaft, wenn die Anordnung des Experiments anders aussieht?

Ist das Experiment so aufgebaut, wie es oben beschrieben worden ist, dann sind 63 % bereit, dem Versuchsleiter bis zur Erteilung des Maximalschocks Folge zu leisten. Wird keine akustische Rückkopplung gegeben, erhöht sich der Prozentsatz auf 65 %. Wird das Experiment so gestaltet, daß der »Lehrer« den »Schüler« durch eine Scheibe sehen kann, sinkt der Prozentsatz gehorsamer Versuchspersonen auf 40 %. Wird ein Experiment durchgeführt, in dem der »Schüler« direkt neben dem »Lehrer« sitzt, leisten 30 % Gehorsam. Ist der Versuchsleiter abwesend, reduziert sich die Gehorsamsbereitschaft auf 21 %. Erteilt ein ganz gewöhnlicher Mensch Befehle, nachdem der Versuchsleiter gegangen ist, beträgt der Prozentsatz der gehorsamen Versuchspersonen 20 %. Darf der Teilnehmer bzw. der »Lehrer« die Schockhöhe selbst wählen, beläuft sich der Prozentsatz der Maximalschocks nur noch auf 3 %. Bittet der »Schüler« selber um die Schocks, werden überhaupt keine Maximalschocks erteilt.

Gehorsamsbereitschaft im Milgram-Experiment
in Abhängigkeit von der Experimentalsituation

Experimentalsituation	*Prozentsatz gehorsamer Versuchspersonen*
Versuchsperson assistiert lediglich	93 %
Versuchsperson hört das Opfer nicht	65 %
Versuchsperson hört das Opfer	63 %
Versuchsperson sieht das Opfer	40 %
Versuchsperson berührt das Opfer	30 %
Versuchsperson ist ohne Versuchsleiter	21 %
Versuchsperson muß einem Durchschnittsmenschen gehorchen	20 %
Versuchsperson sieht, wie andere Versuchspersonen sich auflehnen	10 %
Versuchsperson darf Schockhöhe selbst wählen	3 %
Opfer bittet selber um Schocks	0 %

Und nun noch zwei Ergebnisse, die weniger den Autoritätseinfluß als vielmehr den Gruppeneinfluß widerspiegeln.
Sitzen zwei »Lehrer« am Schockgenerator, wobei der eine – Strohmann des Versuchsleiters – die Schocks erteilt und der andere – die wirkliche Versuchsperson – Hilfstätigkeiten übernimmt, schnellt der Prozentsatz gehorsamer Versuchspersonen auf 93 % empor. Sitzen drei »Lehrer« am Schockgenerator, wobei zwei Strohmänner des Versuchsleiters sind und sich zwischen 150 und 210 Volt weiterzumachen weigern, so erteilt die dritte, eigentliche Versuchsperson nur in 10 % der Fälle Maximalschocks.
Die Ergebnisse der Milgram-Experimente zeigen, daß die Bereitschaft, anderen Menschen Schmerz zuzufügen, nicht auf eine kleine sadistische Minderheit beschränkt bleibt. Sie ist in hohem Maße abhängig von Sozialbeziehungen, und zwar konkret von den Beziehungen zu einer Autoritätsperson. In dem Moment, in dem jemand in eine hierarchische Beziehung gerät, wächst die Wahrscheinlichkeit, daß er Handlungen ausführt,

die seinen moralischen Imperativen widersprechen. Die Gehorsamsbereitschaft ist dann besonders groß, wenn das Opfer nicht wahrnehmbar ist, also auf technischem Wege gequält wird. Und noch ein Stück größer wird sie, wenn das Quälen des Opfers arbeitsteilig ausgeführt wird, wenn dabei nur assistiert werden muß. Die Bereitschaft, andere Menschen auf Befehl zu quälen, nimmt ab, wenn die befehlende Autoritätsperson verschwindet oder die Qualen des Opfers wahrnehmbar werden. Es sind unter diesen veränderten Voraussetzungen aber immerhin noch 20 %, die in Milgram-Experimenten Maximalschocks austeilen. Erst wenn eine Gruppe gegen die Ausführung moralwidriger Befehle zu rebellieren beginnt, werden die Autoritätsgläubigen zu einer kleinen Minderheit. Die Bereitschaft zum Quälen sinkt dann in Richtung Null, wenn Opfer oder Quälender das Maß der Qual selber bestimmen können. Dies kommt jedoch in der realen Folterpraxis nicht vor.

Es wird bisweilen bezweifelt, ob die Milgram-Experimente tatsächlich auf die Realität übertragbar sind. Diese Zweifel haben teilweise ihre Berechtigung. Denn eine Laborsituation und eine Ernstsituation sind nicht dasselbe. Dennoch kann davon ausgegangen werden, daß es zwischen der Simulation der Foltersituation im Labor und der realen Foltersituation wichtige Gemeinsamkeiten gibt, die eine Verallgemeinerung der Milgramschen Resultate erlauben.

Die wesentlichste Gemeinsamkeit besteht darin, daß in beiden Situationen eine hierarchische Struktur bzw. eine befehlende Autoritätsperson vorhanden ist. Im Experiment ist es der mit dem weißen Kittel bekleidete Wissenschaftler. In der tatsächlichen Foltersituation ist es ein hierarchisch höher positionierter Offizier oder Polizist. Der sich selbst befehlende Folterer wird wohl kaum vorhanden sein. Sondern es gibt zumeist den gehorchenden Folterhandwerker, der im Auftrag seiner unmittelbaren Vorgesetzten Schocks, Tritte oder Schläge austeilt. Selbst diese Folteraufseher handeln nicht autonom, sondern sind gebunden an Weisungen höherer Folterautoritäten in Gestalt von Polizeichefs, Geheimdienstchefs, Gefängnisdirektoren oder Armeegenerälen. Diese wiederum sind dem autoritativen Druck oberster staatlicher Machtträger ausgesetzt.

Wie dieses hierarchische, autoritativ gesteuerte Befehlsgefüge einer Folterinstitution funktioniert, sei an zwei Aussagen aus dem ersten Foltererprozeß in Griechenland verdeutlicht. Die erste Aussage stammt von Major Hajizisis, von 1972 bis 1973

Kommandant der berüchtigten Militärpolizei: »Wir waren voll und ganz abgedeckt, und zwar sowohl rechtlich als auch die Befehlskette. Die Hierarchie begann beim Verteidigungsminister und ging direkt hinunter zum kommandierenden Offizier bei der EAT... Ich selbst erlaube niemandem, mich des Schweißes dieser 7 Jahre bei der EAT/ESA zu berauben. Dieser Schweiß hat dort den Boden benetzt und verband sich mit der Erde und dem Asphalt... Es war unser Ziel, Aktivitäten gegen das damalige Regime aufzudecken. Es war nicht die private Jagd von Hajizisis, Theofiloyannakos[13] oder des Gefängnisleiters. Es war die Pflicht gegenüber der Armeeführung.«[14]

Die zweite Aussage stammt von einem Vertreter derjenigen, die am unteren Ende der Hierarchie standen. Es war der einfache Folterhandwerker Lavranos. »...Ich habe das Bedürfnis, dem hohen Gericht sowie dem griechischen Volk mitzuteilen, daß ich ein gewöhnlicher Mensch bin, so wie Sie, wie der Sohn ihres Nachbarn, wie ein Freund. Wenn ich Schläge austeilte, war es nicht meine Hand, sondern die Hand von Spanos, von Hajizisis.«[15]

Beide Aussagen machen drastisch deutlich, wie rasch gewisse sozialpsychologische Bedingungen moralwidriges, unmenschliches Verhalten ermöglichen, wie leicht die individuelle Verantwortung in der Hierarchie hin und hergeschoben wird und wie maschinell eine ganze Folterinstitution arbeitet. Zwischen dem Milgram-Experiment und der real existierenden Folter besteht diesbezüglich viel Ähnlichkeit. Obwohl es einige personintern gesteuerte, sadistische Folterer gibt, scheint die Mehrzahl in die von Milgram beschriebenen sozialpsychologischen Mechanismen eingebunden zu sein. Das Foltern geschieht auf autoritative Impulse hin, die sich entlang einer hierarchischen Linie von oben nach unten fortsetzen, bis sie ein gehorsamsbereiter Folterhandwerker trotz personinterner Dissonanzen in schmerzverursachende und quälende Handlungen umsetzt.

Für die Übertragbarkeit der Milgramschen Erkenntnisse spricht auch die Ähnlichkeit der Schmerzzufügung in Form der Elektroschocks. Unter den verschiedensten Folterformen ist der Elektroschock relativ häufig vertreten. Er ist zum Paradigma der modernen, physischen Folter geworden. Er kommt unter den physischen Folterformen deshalb so häufig vor, weil er kaum Spuren im Körpergewebe hinterläßt und vom Folterer »leicht« zu handhaben ist. Allerdings muß bezüglich der situativen Ähnlichkeit eine wichtige Einschränkung gemacht werden. Von den verschiedenen Milgramschen Experimentalsituationen sind nur jene auf die reale Foltersituation zu übertragen und zu verallgemeinern, in der Versuchsperson und Opfer entweder im gleichen Raum oder gar in Berührungsnähe sind. Denn aus den meisten mir bekannten Folterberichten geht hervor, daß Folterer und Opfer sich fast immer sehr nahe sind. Das am häufigsten zitierte und berichtete Milgram-Experiment, in dem die Versuchspersonen mit dem Opfer lediglich in akustischer Verbindung stehen und in Zweidrittel der Fälle Maximalschocks erteilen, entspricht nicht der typischen Foltersituation. In den beiden verallgemeinerbaren Milgram-Experimenten war der Prozentsatz gehorsamer, Maximalschocks erteilender Versuchspersonen niedriger. Im Falle der Raumnähe betrug er 40 %, im Falle der Berührungsnähe 30 %. Dennoch sind diese Ergebnisse erschreckend, weil sie zeigen, daß die Bereitschaft, andere Menschen mit Elektroschocks zu bestrafen, selbst im Falle unmittelbaren Kontaktes mit dem Opfer immer noch bei einem erstaunlich hohen Prozentsatz vorhanden ist.

Ein weiteres Merkmal der Milgramschen Experimentalsituation, das eine Verallgemeinerung auf die reale Foltersituation zuläßt, ist die Verschleierung des wahren Handlungszieles. Die Milgramschen Versuchspersonen wurden dazu motiviert, an einem wissenschaftlichen Experiment teilzunehmen. Der wahre Zweck des Experimentes wurde ihnen nicht begründet. Das Attribut der Wissenschaftlichkeit schien den meisten Teilnehmern zu genügen, am Schockgenerator zumindest Platz zu nehmen. Ist es in den Folterinstitutionen denn anders? Kein in Folterinstitutionen Befehlender wird einem Gehorchenden direkt mitteilen, daß das Handlungsziel in der bloßen Schmerzzufügung oder in der Terrorisierung des Opfers liegt. Das Handlungsziel besteht in der Erhaltung des Staates oder der Nation bzw. in der Abwehr äußerer und innerer Feinde. Das Handlungsziel wird immer so beschrieben, daß der Handelnde seine Gehorsamsbereitschaft möglichst schnell und ungehindert mobilisieren kann. Hierzu trägt der höhere wissenschaftliche Zweck genauso bei wie der höhere staatliche Zweck. Ist die Gehorsamsbereitschaft einmal an diese »höheren« Auslösereize gekoppelt, dann können mannigfache Aggressionen ausgelöst werden.

Stanley Milgram hat den Mythos vom anormalen, nur mit den

Kategorien der Psychopathologie erklärbaren Folterer zerstört. Er hat aufgezeigt, daß die unter Durchschnittsmenschen weit verbreitete Gehorsamsbereitschaft ausreicht, um in entsprechenden sozialen Drucksituationen auf autoritative Befehle hin moralwidrig und unmenschlich zu handeln bzw. zu foltern. Das Böse ist normaler und banaler, als die meisten Menschen es sich vorstellen und erklären. Nach Milgram ist das Foltern nicht Ergebnis einer destruktiven Triebstruktur, sondern einer Sozialstruktur, die durch ein starkes Autoritätsgefälle gekennzeichnet ist.

Die Milgram-Experimente wurden im Sommer 1970 von David Mantell in der Bundesrepublik Deutschland wiederholt, und zwar in München. Die Stichprobe unterschied sich soziodemographisch nicht von Milgrams amerikanischen Versuchspersonen. Ergebnis dieses Münchener Experimentes war, daß die Versuchspersonen dasselbe Gehorsamsverhalten und dieselben Gehorsamsquoten zeigten.[16]

Aufschluß darüber, wie sehr der Mensch unter dem Druck ihm zugewiesener sozialer Rollen zur Gewaltanwendung fähig ist, erbrachten auch die Gefängnisexperimente des Sozialpsychologen Philip Zimbardo. Diese sahen so aus, daß zwei Gruppen von Studenten gebildet wurden, die an dem sogenannten Gefängnisexperiment teilnehmen sollten. Die erste Gruppe (N=10) übernahm die Rolle des Gefangenen, die zweite Gruppe (N=11) die Rolle des Gefängniswärters. Im Verlauf des Experiments konnte beobachtet werden, daß die Gefängniswärter immer mehr von den Rollenerwartungen der Institution »Gefängnis« okkupiert wurden. In Situationen des Widerstandes und der Gehorsamsverweigerung waren sie bereit, die Gefangenen zu beleidigen, zu bedrohen und physisch zu bestrafen. In den Interviews nach Beendigung des Experiments zeigten sich die Gefängniswärter sehr irritiert und verwundert darüber, daß es möglich war, unter dem sozialen Druck der Experimentalsituation sich derart aggressiv zu verhalten.[17]

2.3. Politisch-psychologische Sichtweise

Stanley Milgram hat nachgewiesen, wie stark Folterbereitschaft und Folterhandlung vom sozialpsychologischen Kontext des Folterers abhängen. Seine Forschung hat jedoch die Frage, wie jene zum Foltern führende Gehorsamsbereitschaft entsteht, weitgehend ausgeklammert. Was Milgram beschrieben hat, ist das Hier und Jetzt der Foltersituation, das hierarchische Gefälle zwischen Befehlendem und Gehorchendem, die Art und Weise, wie der Gehorsamsmechanismus funktioniert. Milgram ist der Vorwurf zu machen, daß er das, was seine Versuchspersonen mit dem Versuchsleiter konform werden ließ, ganz einfach mit der relativ allgemeinen Kategorie »Gehorsam« erklärt. Er versäumte es, danach zu fragen, woher die Gehorsamsbereitschaft stammt.

Will man jene Voraussetzungen der Folterbereitschaft finden, die nicht nur in dem aktuellen sozialen Druck einer hierarchischen Beziehung liegen, sollte man die Erkenntnisse der politischen Psychologie im allgemeinen[18] und der politischen Sozialisationsforschung im besonderen[19] heranziehen. Beide Wissenschaften eignen sich dazu, den Einfluß, der von den Rahmenbedingungen eines politischen Systems auf dessen Mitglieder ausgeht, genauer zu ermitteln. Milgram streift diese Einflußfaktoren zwar ab und zu, schenkt ihnen aber keine größere Beachtung. Sein Blick konzentriert sich im wesentlichen auf die Interaktion zwischen Befehlendem und Gehorchendem.

Die politische Psychologie und ihre Teildisziplin, die politische Sozialisationsforschung, konzentrieren ihren Blick hingegen auf den Lernprozeß, den der Folterer im Rahmen eines politischen Systems durchgemacht hat. Sie versuchen zu ermitteln, welche Merkmale eines politischen Systems sich in einer Person so niederschlagen, daß sie allmählich jene von Milgram analysierte Gehorsamsbereitschaft erwirbt. Sie versuchen außerdem aufzuzeigen, daß diese Gehorsamsbereitschaft nicht einfach ein bloßer sozialpsychologischer Mechanismus ist, der so ziemlich in jedem politischen System vorkommt, sondern enger zusammenhängt mit der Art der politischen Einstellungen des Gehorchenden.

Die politische Sozialisation des Folterers beginnt in der Familie, lange bevor er in Polizei- oder Militäruniform seinen Opfern gegenübertritt. In diesem der frühen Kindheit zuzuordnenden Sozialisationsabschnitt werden jene grundlegenden Reaktionsbereitschaften herausgebildet, die Adorno und die von ihm eingeleitete Autoritarismusforschung gründlich untersucht haben.[20] Dieser erste Abschnitt in der Genese des Folterers wird von der politischen Sozialisationsforschung als latente oder indirekte Sozialisation bezeichnet. Der spätere Folterer lernt hier zwar noch keine Foltertechniken, aber er muß Verhaltensweisen einüben, die den zur Folterausübung notwendigen Gehorsam miterzeugen:

- extreme Unterwürfigkeit gegen Autoritätspersonen;
- übertriebene Züchtigung und Verleugnung eigener »unmoralischer« Regungen;
- Vorurteile und Intoleranz gegenüber Minderheiten;
- starke Konformität mit Gruppennormen;
- Tendenz zur Entpersönlichung der zwischenmenschlichen Beziehungen.

Ein solches Merkmalsmuster ist das Ergebnis einer allzu strengen, die Disziplin überbetonenden Erziehung. Die Richtigkeit der elterlichen Normen und Vorschriften steht außer Zweifel. Die Frage nach dem Warum von Befehlen ist verpönt und darf nicht gestellt werden. Weicht das Kind von den elterlichen Normen ab, ist körperliche Bestrafung die Regel. Ein derartiger Erziehungsstil läßt die Grundstrukturen der gehorsamsbereiten, extrem unterwürfigen Persönlichkeit entstehen.

Rudolf Höss, ein prominenter Folterer des Dritten Reiches und Kommandant des Konzentrationslagers Auschwitz, hat in seiner Autobiographie seine latente politische Sozialisation ausführlich beschrieben.[21] Aus seiner Lebenslaufanalyse geht klar hervor, daß der Einfluß der SS nicht die maßgebliche Bedingung seiner Destruktivität war. Die Befehle, die er von der Organisationsspitze des SS-Staates erhielt, konnte er nur deshalb ausführen, weil das blinde Befolgen und Gehorchen schon in seiner familialen Erziehung bis zum Exzeß eingeübt und eingetrichtert worden war.

»Ganz besonders wurde ich immer darauf hingewiesen, daß ich Wünsche oder Anordnungen der Eltern, der Lehrer, Pfarrer usw., ja aller Erwachsenen bis zum Dienstpersonal unverzüglich durchzuführen bzw. zu befolgen hätte und mich durch nichts davon abhalten lassen dürfe. Was diese sagten, sei immer richtig. Diese Erziehungsgrundsätze sind mir in Fleisch und Blut übergegangen ... Schon von klein auf wurde ich zu einem festen Pflichtbewußtsein erzogen. Es wurde in meinem Elternhaus streng darauf geachtet, daß alle Aufträge genau und gewissenhaft ausgeführt wurden. Jeder hatte immer einen gewissen Pflichtenkreis. Mein Vater achtete besonders darauf, daß ich alle seine Anordnungen und seine Wünsche peinlichst befolgte. So erinnere ich mich noch, daß er mich eines Nachts aus dem Bett holte, weil ich die Satteldecke im Garten hatte hängen lassen, anstatt sie, wie angeordnet, im Schuppen zum Trocknen aufzuhängen.«[22]

Eine Erziehung und ein Erziehungsklima, die von Strenge, Kälte, Drohung und häufiger Bestrafung dominiert sind, produzieren im Erzogenen Feindseligkeit. Diese Gefühle der Aggressionen können jedoch nicht gegen die Erziehungspersonen offen ausagiert werden. Sie sind aber für die manifeste oder direkte Sozialisation des Folterers von eminenter Wichtigkeit. Dieser zweite Sozialisationsabschnitt, der vor allem der Schulzeit zuzuordnen ist, dient dazu, die durch autoritäre Familienerziehung entstandenen Feindseligkeiten und Aggressionen auf Feindbilder umzulenken. Forciert durch politische Erziehungsprozesse, die in autoritären Regimen als wichtige Transmissionsriemen menschenfeindlicher Ideologien fungieren, wird die aggressive Reaktionsbereitschaft gezielt konditioniert auf äußere und innere Feinde. Wer Frustrationen empfindet, soll nicht auf die Idee kommen, sie seien vom System, in dem man lebt, verursacht. Es wird vielmehr gelernt, die Ursache bei Systemgegnern zu suchen.

Wenn vieles im autoritären Staat verboten ist, so ist eines erlaubt: die Aggression gegen staatlich verordnete Sündenböcke. Und diese wird durch schulische und außerschulische Erziehung und durch Massenkommunikationsmittel systematisch stimuliert. Was in der latenten Sozialisation an Vorurteilsstrukturen entstanden ist, wird jetzt ideologisch konkretisiert. Für die durch Haßappelle hervorgerufenen Gefühle der Feindseligkeit gegenüber rassischer, religiöser oder politischer Andersartigkeit werden vereinfachende Begründungen geliefert. Der Heranwachsende lernt Definitionen, die ihm das spätere Ausüben von Aggressionen gegen Andersdenkende erleichtern helfen. Alle diese Definitionen haben den Modus: Der Andersartige darf gehaßt und diskriminiert werden, weil...

Was in diesem Zusammenhang an Feindseligkeiten anerzogen wird, kann institutionalisierte Aggression[23] genannt werden. Im Gegensatz zur persönlichen Form der Aggression ist sie mit den Normen des betreffenden Staates vereinbar. Sie anzueignen und offen auszudrücken, wird nicht nur toleriert, sondern direkt gewünscht. Diese Institutionalisierung der Aggression ist unabhängig davon, ob sie den allgemein menschlichen Normen und Werten entspricht. Wichtig ist, daß der Staat sie legitimiert hat.

Der autoritäre Staat versucht, über die von ihm kontrollierten, totalen Institutionen der Erziehung und der Medien Feindbilder zu vermitteln. Dies heißt jedoch noch nicht, daß er diese Erziehungsziele immer erreicht. Wer allerdings in dieser Phase der manifesten, vom Staat direkt beeinflußten Sozialisation genügend Feindbilder internalisiert hat, ist dem Sozialisationsziel »Folter« ein gutes Stück näher gekommen.
Der dritte und letzte Abschnitt in dieser Entwicklung ist die professionelle Sozialisation des Folterers. Sie findet statt in den Gewaltinstitutionen der Folterstaaten: Justiz, Polizei und Militär. Der Folterer betritt diese Institutionen mit einer wichtigen psychologischen Grundausstattung: dem in der latenten und manifesten Sozialisation ausgebildeten Autoritarismus. Dieser wird nun im Rahmen einer längeren Ausbildung verfeinert und den Belangen der institutionalisierten Aggression angepaßt.
Der Folterer lernt, auf staatliche Befehle hin Gewalt gegen »Feinde« auszuüben. Die Institution, in der er dies lernt, ist oft von den gewöhnlichen Institutionen staatlich legalisierter Gewalt getrennt. Es sind spezielle, dem Militär, der Polizei oder dem Strafvollzug zugeordnete Institutionen. Offiziell handeln sie im Dienste der staatlichen Sicherheit. Inoffiziell bedienen sie sich grausamer und unmenschlicher Methoden, um diese Sicherheit zu gewährleisten. Die Durchführung solcher Techniken, ob physisch oder psychisch, ist Inhalt und Ziel der professionellen Sozialisation des Folterers. Er lernt die Handhabung von Elektroschocks, der Papageienschaukel, der Falanga, der sensorischen Deprivierung, des Tiefenverhörs und vieler anderer Foltermethoden. Aber er lernt nicht nur konkrete Aggressionshandlungen, sondern auch Abwehrmechanismen gegen eventuell auftretende Zweifel, Schuldgefühle, Empfindungen des Mitleids.
Es wird gezielt einiges dafür getan, daß der Folterer mit seiner Rolle emotionell fertig wird. Die ersten Maßnahmen werden schon zum Zeitpunkt der Personalauslese ergriffen. Um entsprechend stabile Foltererpersönlichkeiten auszuwählen, bedient man sich beispielsweise in Chile moderner psychodiagnostischer Methoden.[24] Zum zweiten wird für eine intensive Entmenschlichung der Aggressionsobjekte gesorgt. Das Folteropfer wird so dargestellt, als gehöre es der menschlichen Gemeinschaft gar nicht an. Paradigmatisch hierfür ist eine Äußerung von General Stylianos Pattakos, einem Mitglied des ehemaligen griechischen Militärregimes: »Kommunisten sind

Bestien. Wir machen keinen Unterschied zwischen Menschen und Menschen, nur zwischen Menschen und Bestien.«[25]
Die Herabwürdigung des Aggressionsobjektes, seine Verbannung ins Subhumane, erleichtert das Ausüben von Aggressionshandlungen. Dies betont auch Stanley Milgram. Er stellt deshalb die Hypothese auf: »Aller Wahrscheinlichkeit nach wäre es unseren Versuchspersonen sehr viel leichter gefallen, dem Opfer die Schocks zuzufügen, wenn dieses Opfer überzeugend als brutaler Krimineller oder als perverser Mensch dargestellt worden wäre.«[26]
Darüber hinaus leistet aber auch die Subkultur der Folterer einen wichtigen Beitrag zur Bewältigung emotioneller Belastungen bzw. zur Sozialisierung der Grausamkeit. Diese Subkultur liefert emotionelle Bewältigungstechniken und Rituale.[27] Folterinstrumente erhalten sprachlich entschärfte Bezeichnungen (Papageienschaukel, Telefon, Kopfhörer). Die Folterhandlung heißt in der Sprache dieser Subkultur »spirituelle Sitzung«. Die Folterer titulieren sich mit »Doktor«. Die Folterer-Subkultur hilft dem einzelnen Folterer somit auf der sprachlich-symbolischen Ebene, das zu verzerren und zu mystifizieren, was er auf der Handlungsebene grausam und unmenschlich vollzogen hat. Offenbar reichen die von den Folterautoritäten gelieferten Rechtfertigungen allein nicht aus, um mit den emotionellen Auswirkungen des Folterhandwerks fertig zu werden.
Die professionelle Sozialisation des Folterers kann inhaltlich sehr verschieden sein. Der eine Staat bildet seine Folterer zum Psychiatrisieren aus. Der andere Staat betont das physische Malträtieren. In einem wichtigen Punkt ist jedoch überall eine Gemeinsamkeit festzustellen: die Gleichschaltung der zum Foltern geprägten Persönlichkeitsstruktur mit der autoritären Staatsstruktur. Bis diese bewerkstelligt ist, hat der Folterer einen langen Entwicklungs- und Sozialisationsprozeß durchlaufen. Jetzt ist er soweit. Das Ausüben der institutionalisierten Aggression erlebt er als dienstlich notwendig, normativ geregelt und mit dem Gewissen vereinbar. Dieser »sozialisierte« Folterer ist kein Psychopath. Er ist dem Durchschnittsmenschen erschreckend ähnlich. Er leistet seine Arbeit in einem System kollektiv und arbeitsteilig ausgeübter Aggression und wirkt »privat« oft als sentimentaler und braver Familienvater.
Aus der politisch-psychologischen Perspektive erscheint der

Folterer als Entwicklungsprodukt autoritärer Sozialisation. Diese beginnt mit der Anerziehung autoritärer Persönlichkeitsmerkmale in der Familie. Sie wird fortgesetzt mit der Vermittlung aggressiver Reaktionsbereitschaft gegenüber Feindbildern, insbesondere in der Schule und in den Massenmedien. Abgeschlossen wird sie durch die berufliche Ausbildung in den Gewaltinstitutionen des autoritären Staates.
Die politisch-psychologische Sichtweise ist im Grunde genommen eine Integration dreier Sichtweisen: der psychologischen, der soziologischen und der politologischen. Sie zeigt auf, daß der Folterer durch keine Sichtweise ausreichend beschreibbar und erklärbar ist. Er ist das Ensemble von Person, sozialer Institution und politischem System.

3. Psychische Foltermethoden

»Wir arbeiten mit feineren, neuen Mitteln, die viel erfolgreicher sind, wissenschaftliche Methoden des Kreuzverhörs, Gegenüberstellung mit Personen, die schon gestanden haben, Erforschung der Gefühlswelt.« (Reza Pahlewi, ehemals Schah von Persien.)
»Warum seine Zeit mit dem Quälen menschlicher Leiber verlieren, wenn man Gehirne direkt beeinflussen kann? Dank der Wissenschaft kann man sich blutige, körperliche Manipulationen sparen . . ., der Mentizid ist die Zukunft der Repression.« (Lauret und Lasierra, La torture propre.)
»Wir sind alle den zuständigen Organen unterstellt, und wenn wir eine Direktive von diesen Organen erhalten, sind wir verpflichtet, sie zu befolgen . . . Sie sehen, Sie sind nicht so gut bekannt wie Solschenizyn. Er wurde wegen seiner Erklärungen und Ansichten außer Landes geschickt. Doch Sie wird man für Ihre Erklärungen und Ansichten in eine Psychiatrische Anstalt stecken.« (Der Psychiater Dmitriewskij zum Dissidenten Nikolajew.)
»Ebenso bedient man sich der Pharmakologie und der Psychologie. Die Methoden sensorischer Deprivation und neue Drogen sind so weit entwickelt worden, daß sie psychologisch effektiv wurden. Denn die Folter muß geheimgehalten werden, und obwohl es sie gibt, muß sie unbeweisbar bleiben.« (Silvia Amati, Reflexionen über die Folter.)

Mit dem Begriff »Folter« assoziiert man gewöhnlich die Anwendung von Methoden, die dem Körper physischen und akuten Schmerz zufügen. Man denkt dabei an Elektroschocks, an Schlagen, an das Beinahe-Ertränken, an das Beibringen von Brandwunden und an viele andere Formen körperlicher Peinigung, die die destruktive Phantasie des Menschen erfinden kann. Vernachlässigt wird dabei die Tatsache, daß mit psychischen Foltermethoden dieselben Ziele erreicht werden können: das Erzwingen von Geständnissen und Herauspressen gewünschter Informationen. Es ist möglich, eine Person grausam, unmenschlich oder erniedrigend zu behandeln, ohne ihr ein Haar zu krümmen. Bewirken können dies sogenannte Psychotechniken.

Die Psychofolter wird gerade jetzt, da die Menschenrechtsbewegung erste Erfolge erzielt, verstärkt angewandt. Nachdem nämlich manchen Staaten Foltervorwürfe unangenehm geworden sind, weil sie außenpolitische Imageverluste zur Folge haben, vollzieht sich ein Wandel der Folterpraktiken. Die Gehirnwäsche ist kein Relikt des Koreakrieges mehr. Sie ist aktualisiert worden, weil man durch ihre Anwendung jene Spuren vermeiden möchte, die durch die körperliche Folter oft genug hinterlassen werden und die als Beweise für die Folterung dienen könnten. Ärztliche Untersuchungen – beispielsweise im Auftrag von amnesty international vorgenommen – sollen möglichst wenig Chancen haben, den objektiven Nachweis physischer Mißhandlungen zu erbringen.

Die Franzosen Lauret und Lasierra weisen in ihrem Buch »La torture propre« (Die saubere Folter)[1] noch auf weitere Gründe hin, mit denen sich der Vormarsch der Psychofolter erklären läßt. Der eine Grund besteht darin, daß durch den Einsatz psychischer Methoden das Foltern ökonomischer wird: »Warum seine Zeit mit dem Quälen menschlicher Leiber verlieren, wenn man Gehirne direkt beeinflussen kann?«[2] Ein anderer Grund ist, makaber gesprochen, die Erleichterung der Arbeitsbedingungen des Folterpersonals: »Man muß sich die Hände nicht mehr schmutzig machen. Das Blut, der Schweiß, der Urin, die Exkremente, die Tränen, die Schreie sind in der neuen Inquisition abgeschafft.«[3]

Die Psychofolter umfaßt inzwischen ein breites Spektrum unterschiedlichster Methoden, Erkenntnisse und Institutionen der Psychowissenschaften, um entrechtete Menschen willfährig zu machen oder ganz einfach ihre systemkonträren Einstellungen zu zerstören. Zur »sauberen Folter« gehören sowohl die klassische Gehirnwäsche als auch moderne Psychotechniken, die Psychiatrisierung von Dissidenten und der Mißbrauch der Psychopharmakologie.

3.1. Die klassische Gehirnwäsche

Unter der klassischen Gehirnwäsche versteht man jene Praktiken, die im Koreakrieg von Chinesen angewendet wurden, um von amerikanischen Kriegsgefangenen falsche Geständnisse, Geheimnisverrat, Personenverrat und Willfährigkeit im allgemeinen zu erzwingen. Das Besondere an dieser klassischen Gehirnwäsche ist, daß ihr Schwerpunkt nicht in physischen Einwirkungen liegt, sondern in der Einstellungs- und Verhaltensbeeinflussung. Daß im Zusammenhang mit der Erläuterung des Begriffes »Gehirnwäsche« der Koreakrieg und die Chinesen genannt werden, bedeutet nicht, daß psychische Folterungen dieser Art zu jenem Zeitpunkt der Weltgeschichte erstmals beobachtet worden sind. Die Gehirnwäsche ist zuvor schon häufiger zur Anwendung gelangt, sei es in der Inquisition, sei es in der Stalin-Ära.

Was die einzelnen Techniken der Gehirnwäsche betrifft, so war daran nichts überraschend Neues. Aber neu hingegen war die Kombination der einzelnen Techniken und die Systematik ihrer Anwendung. Neu war auch die Tatsache, daß sich nach dem Koreakrieg die Wissenschaft, ganz speziell die Psychologie, mit der chinesischen Gehirnwäsche beschäftigte. Die nach Hause gekehrten Kriegsgefangenen wurden intensiv befragt und untersucht. Man wollte prüfen, ob die Berichte über die Gehirnwäsche in der Form, wie sie in den Medien verbreitet wurden, tatsächlich zutreffen sollten. Darüber hinaus war man auch an der Frage sehr interessiert, ob es den Chinesen gelungen war, nicht nur Geständnisse zu erpressen, sondern die Kriegsgefangenen ideologisch umzudrehen.

Die Untersuchung der Kriegsgefangenen zeigte, daß der chinesischen Gehirnwäsche eine spezifische Strategie zugrunde lag. Die amerikanischen Psychologen Farber, Harlow und West[4] gaben dieser Strategie die Bezeichnung DDD. Diese drei Buchstaben stehen für die Wörter Debility (=Erschöpfung), Dependency (=Abhängigkeit) und Dread (=Schrecken). Der Gefangene mußte diese drei Stadien durchlaufen – es sei denn, er kapitulierte schon zuvor –, um zu dem gewünschten Maß an Gehorsam und Willfährigkeit bereit zu sein.

Im ersten Stadium, Erschöpfung genannt, kam es vor allem auf die Schwächung der Physis an. Die äußeren Bedingungen der Gefangenschaft (Verpflegung, Hygiene, Schlafgelegenheit) wurden so manipuliert, daß Hunger, starke Ermüdung und

Krankheiten auftraten. Der Gefangene sollte seine Primärbedürfnisse in aller Stärke und Deutlichkeit spüren lernen. Er sollte den Drang entwickeln, diese Bedürfnisspannungen abzubauen. Die Gefängniswärter kamen aber diesen Primärbedürfnissen nur dann entgegen, wenn der Gefangene bereit war, sich willfährig zu verhalten. So erhielten Gefangene mehr Essen, mehr Gelegenheit zum Schlafen, zur Bewegung oder zur Verrichtung der Notdurft, wenn sie zum Beispiel falsche Geständnisse unterschrieben. Ein besonders wichtiges Geständnis war die Erklärung, daß man bakteriologische Waffen benutzt hätte. Solche Geständnisse waren für die Kriegspropaganda der Chinesen sehr willkommen. Weil die Bedürfnisbefriedigung vom Gefängnispersonal total kontrolliert werden konnte, war es dem Gefangenen beinahe unmöglich, dieses zweite Stadium ohne Abhängigkeit zu überstehen.

Im Grunde genommen ähnelt die Art und Weise, wie die Chinesen Willfährigkeit zu erzeugen suchten, den Tierexperimenten der lernpsychologischen Forschung. Dort gelang es, Tierverhalten unter Reiz- bzw. Umweltkontrolle zu bringen, indem sogenannte Verstärker (Futter, Wasser, Kontakt) erst dann verabreicht wurden, nachdem erwünschte Verhaltensweisen gezeigt worden waren. In der Weltöffentlichkeit entstand deshalb damals der Verdacht, die chinesische Gehirnwäsche könnte von Psychologen unter Zuhilfenahme lernpsychologischer Erkenntnisse genauestens geplant worden sein. Dies wurde seitens der mit der Untersuchung der Kriegsgefangenen beauftragten Wissenschaftler stark angezweifelt.[5] Sie meinten, daß alltagspsychologische Kenntnisse ausreichen, um Menschen einer manipulativen Kontrolle, die auf Konditionierungsprinzipien basiert, zu unterwerfen.

Das dritte Stadium, Schrecken genannt, diente dazu, jene willfährig zu machen, die sich nicht so ohne weiteres konditionieren ließen. Hier wurde extreme Angst induziert. Dies geschah, indem dem Gefangenen gedroht wurde, er würde körperlich gefoltert, nicht aus der Kriegsgefangenschaft entlassen, nicht medizinisch behandelt. Oft wurde gedroht, daß den Angehörigen Gewalt angetan würde. Schließlich wurde auch mit Erschießung gedroht. Im Anschluß an Erschießungsdrohungen wurden bisweilen Scheinerschießungen durchgeführt.

Wer hartnäckig blieb, bekam Spezialbehandlungen. Hierzu zählten Methoden wie langes Stehen, starke Lichteinwirkung,

starke Kälteeinwirkung, Zehenstehen oder extreme Einzelhaft in Käfigen und Höhlen.
Biderman[6] hat die wichtigsten Techniken, die zur Gehirnwäsche des Gefangenen eingesetzt wurden, in einem Schema zusammengestellt. Alle diese Techniken beinhalten keinen direkten physischen Eingriff wie im Falle der Elektroschocks, der Beibringung von Brandwunden, des Beinahe-Ertränkens und anderer Formen der »blutigen« Folter. Sie zielen darauf ab, durch unblutige, psychophysische Extrembelastungen und Verhaltensmanipulationen den Gefangenen willfährig zu machen.

Methoden der klassischen Gehirnwäsche nach Biderman

Allgemeine Methoden	*Auswirkungen (Ziele)*	*Varianten*
1. Isolierung	Entzieht dem Opfer jede soziale Unterstützung seiner Widerstandsfähigkeit. Entwickelt intensives Interesse an sich selbst. Macht das Opfer vom Verhörenden abhängig.	Totale Einzelhaft. Vollständige Isolierung. Halb-Isolierung. Gruppenisolierung.
2. Monopolisierung der Wahrnehmung	Lenkt die Aufmerksamkeit auf die augenblickliche Lage; fördert die Selbstbetrachtung. Beseitigt Anregungen, die nicht vom Wachpersonal kontrolliert werden. Verhindert alle Handlungen, die nicht der Forderung nach Gehorsam entsprechen.	Körperliche Isolierung. Dunkelheit oder helles Licht. Kahle Umgebung. Eingeschränkte Bewegungsfreiheit. Gleichförmige Nahrung.
3. Herbeiführen von Entkräftung, Erschöpfung	Schwächt geistige und körperliche Widerstandskraft.	Unterernährung. Entblößung. Kälte. Unversorgte Wunden. Krankheiten. Schlafentzug. Lange Haft. Lange Verhöre. Erzwungenes Schreiben. Überanstrengung.

Methoden der klassischen Gehirnwäsche nach Biderman

Allgemeine Methoden	*Auswirkungen (Ziele)*	*Varianten*
4. Drohungen	Fördert Angst und Verzweiflung.	Todesdrohungen. Drohungen, nicht mehr nach Hause zurückkehren zu können. Androhung endloser Verhöre und Isolierung. Drohungen gegen die Familie. Unbestimmte Drohungen. Unerklärliche Änderungen der Behandlung.
5. Gelegentliche Gefälligkeiten	Bewirkt positive Motivation zum Gehorsam. Verhindert Anpassung an Deprivation.	Wechselndes Verhalten des Verhörenden. Versprechungen. Belohnung für Teilgehorsam, »zappeln lassen«.
6. Demonstration von »Allmacht«	Läßt Widerstand sinnlos erscheinen.	Konfrontation. Zusammenarbeit als selbstverständlich voraussetzen. Demonstration vollständiger Kontrolle über das Schicksal des Opfers
7. Demütigung	Läßt Widerstand für die Selbstachtung schädlicher erscheinen als Nachgeben. Erniedrigt den Gefangenen bis auf das »tierische Niveau«.	Verhinderung persönlicher Hygiene. Verdreckte Umgebung. Erniedrigende Strafen. Beleidigungen und Hohn. Keine Intimsphäre.
8. Erzwingung von banalen Forderungen	Entwickelt gewohnheitsmäßigen Gehorsam.	Erzwungenes Schreiben. Erzwingen unbedeutender Vorschriften.

Die Gehirnwäsche wurde nicht nur angewandt, um Informationen aus dem Gefangenen herauszupressen oder falsche Geständnisse zu erzwingen. Sie wurde auch durchgeführt, um aus dem amerikanischen Kriegsgefangenen mittels zwangsweiser Beeinflussung einen gläubigen Kommunisten zu machen. Sein bisheriges Wert- und Einstellungssystem sollte durch ein neues ersetzt werden. Dabei bediente man sich eines Indoktrinationsprogramms, das der amerikanische Psychologe Schein[7] beschrieben und analysiert hat, insbesondere auch hinsichtlich der von den Chinesen erhofften Effekte.
Die erste Komponente des Indoktrinationsprogramms war die Beseitigung all jener Informationen, die das bisherige Denken, bisherige Einstellungen und Werte hätten unterstützen können. Es gab keine Informationen über lokale, nationale und internationale Ereignisse. Es konnte lediglich kommunistische Literatur gelesen werden. Die Gefangenenpost wurde manipuliert. D. h., es wurde keine Post ausgehändigt, die Berichte über Weltereignisse enthielt. Kontakte mit Personen außerhalb des Lagers waren unterbunden, ausgenommen mit kommunistischen Zeitungskorrespondenten. Engere interpersonelle Beziehungen, in denen das bisherige Einstellungs- und Wertsystem hätte ausgetauscht und bekräftigt werden können, waren nur schwer möglich. Es bestand nämlich Angst davor, weil die Chinesen ein Spitzel- und Informantensystem aufgebaut hatten.
Die zweite Komponente des Indoktrinationsprogramms enthielt direkte Angriffe auf das Denk-, Einstellungs- und Wertsystem des Gefangenen. Es wurde ein intensiver Propagandaunterricht erteilt. Zentrale Inhalte waren die Ideen Mao Tsetungs. Es wurden Flugblätter verteilt und Filme gezeigt. Die Hauptattacke war jedoch das Verlesen von »gewaschenen« bzw. erzwungenen Bekenntnissen anderer Gefangener.
Zur dritten Komponente zählten indirekte Angriffe auf das Denk-, Einstellungs- und Wertsystem. Ort des Geschehens waren Gruppendiskussionen im Anschluß an den Propagandaunterricht. Anfangs war ein Chinese Diskussionsleiter. Wenn ein Gefangener einen erwünschten Diskussionsbeitrag lieferte, mußte er die Rolle des Diskussionsleiters übernehmen. Akzeptiert wurden überhaupt nur konforme Antworten und Beiträge. Lieferte ein Gefangener einen falschen Beitrag, mußte die Gruppe die entsprechende Lektion des Propagandaunterrichts nochmals anhören und die ganze Gruppendiskus-

sion erneut durchführen. Daneben fanden auch Verhöre statt. Der Gefangene wurde mit in früheren Verhören gemachten Aussagen konfrontiert sowie mit den Aussagen von Mitgefangenen. Wenn Diskrepanzen auftraten, mußten diese begründet werden. Weigerte sich der Gefangene, Aussagen zu machen, so wurden ihm Aussagen präsentiert, die ihn oft verblüfften. Dieses Vorwegnehmen von Aussagen war den Vernehmenden möglich aufgrund von Erfahrungen, die sie aus den Aussagen anderer gesammelt hatten. Eine andere Variante bestand darin, daß der Aussageverweigerer aus einem Notizbuch vorgefertigte Antworten abschreiben mußte. Diese abgeschriebenen Aussagen wurden dann als falsche Bekenntnisse zur Gehirnwäsche anderer Gefangener benutzt.
Die vierte Komponente bildete das Einüben von Kollaboration mittels systematischer Belohnung und Bestrafung. Waren Gefangene bereit, prochinesische Rundfunkbeiträge, Propagandabriefe oder Friedensappelle zu verfassen oder zu unterzeichnen, so wurde dies mit Belohnungen (Seife, Zucker, Tee, Früchte usw.) und Versprechungen (frühe Heimkehr) honoriert. Wer sich weigerte, zu kollaborieren, wurde der DDD-Prozedur unterzogen, von der Einschränkung primärer Bedürfnisbefriedigung bis zur Androhung von Nichtentlassung und Erschießung.
Zu fragen wäre nun, ob die chinesische Gehirnwäsche den erwünschten Erfolg zeitigte. Sieht man allein ihre kurzfristigen Ziele, dann war sie insofern erfolgreich, als es ihr gelang, ein wünschbares Maß an falschen Bekenntnissen, Geheimnis- und Personenverrat zu erzwingen. Was ihre langfristigen Ziele betrifft, nämlich die ideologische Umerziehung, so ist das chinesische Experiment kläglich gescheitert. Nur ein verschwindend kleiner Prozentsatz nahm die aufoktroyierten Einstellungen und Werte auch tatsächlich an. Bei der überwiegenden Mehrheit der Repatriierten erwies sich das Indoktrinationsprogramm als Bumerang. Denn die Gehirnwäsche führte zu einer Verstärkung der antikommunistischen Einstellungen. Dies heißt also, daß der Mensch um des eigenen Überlebens willen kurzfristig zu Konzessionen, zu Kollaboration und falschen Bekenntnissen bereit ist, sein Gehirn jedoch nicht beliebig »gewaschen« werden kann.
Seit der Koreakrieg zu Ende gegangen ist, hat die klassische Gehirnwäsche, so wie sie im Biderman-Schema zu sehen ist, eher zugenommen als abgenommen. In den Gefangenen-,

Länder- und Jahresberichten von amnesty international läßt sich dies immer wieder feststellen.
Die Journalisten Koch und Oltmanns[8], Autoren der »Stern«-Dokumentation »Folter in unserer Zeit«, gelangten zur Feststellung, daß das Schema der klassischen Folter in den politischen Gefängnissen der Deutschen Demokratischen Republik wiederzufinden ist. Physische Folter würde dort nicht auftreten, psychische Manipulationstechniken hingegen um so mehr. »In einem ausgeklügelten System von Vergünstigungen und Strafen wird der Gefangene zum willfährigen Werkzeug der Staatssicherheitsoffiziere umgebogen. Verrat von Mithäftlingen wird mit einem Fernsehabend belohnt; Schweigen bei Vernehmungen mit dem Entzug von Tabak bestraft. Nächtliche Dauerverhöre bei Schlafverbot am nächsten Tag sind üblich.«[9]

3.2. Moderne Psychotechniken

Die folgende Darstellung moderner Psychofoltermethoden ist eine Klassifikation verschiedener konkreter Folterhandlungen, über die in den letzten Jahren in steigendem Maße berichtet worden ist. Ihre wissenschaftliche Benennung soll nicht den Eindruck erwecken, als würden sie immer von akademisch ausgebildeten Folterern direkt ausgeführt. Das »Design« der Psychofolterungen trägt jedoch eindeutig akademische Handschrift. Schenkt man den Folterberichten Glauben, wozu insbesonders ausführliche wissenschaftliche Dokumentationen[10] über die Repression in Chile gehören, sind Mediziner und Psychologen direkt tätig. Sie helfen mit bei der Entwicklung und Erprobung von Foltermethoden, wählen Folterer auf eignungspsychologischer Grundlage aus, leiten das Folterpersonal an, supervidieren die Folterhandlungen und nehmen Psychofolterungen bisweilen selbst vor. Schließlich arbeiten sie auch in der Politikberatung, indem sie den Regierungsapparat bei der Planung und Durchführung diktatorischer Maßnahmen, vor allem was die Propaganda betrifft, unterstützen.
Infolge der Beteiligung der Psychologie ist die traditionelle Folter, sowohl die rein physische Tortur als auch die klassische Gehirnwäsche, in Chile immer mehr zurückgegangen. Im gleichen Maße ist die Psychofolter, geplant und durchgeführt auf der Grundlage moderner Psychotechniken, immer mehr ange-

stiegen. In der folgenden Darstellung ist der Trend zur »Verfeinerung« der Foltermethoden deutlich zu erkennen. Unter »Verfeinerung« sind erstens moderne Psychotechniken und zweitens selektiv physische Techniken, sprich Psychopharmaka, zu verstehen.

Verfeinerung der Foltertechniken

Entwicklung der Foltertechniken in Chile vom September 1973 (Putsch der Militärs) bis zum März 1976, untersucht auf der Basis von 248 Fällen

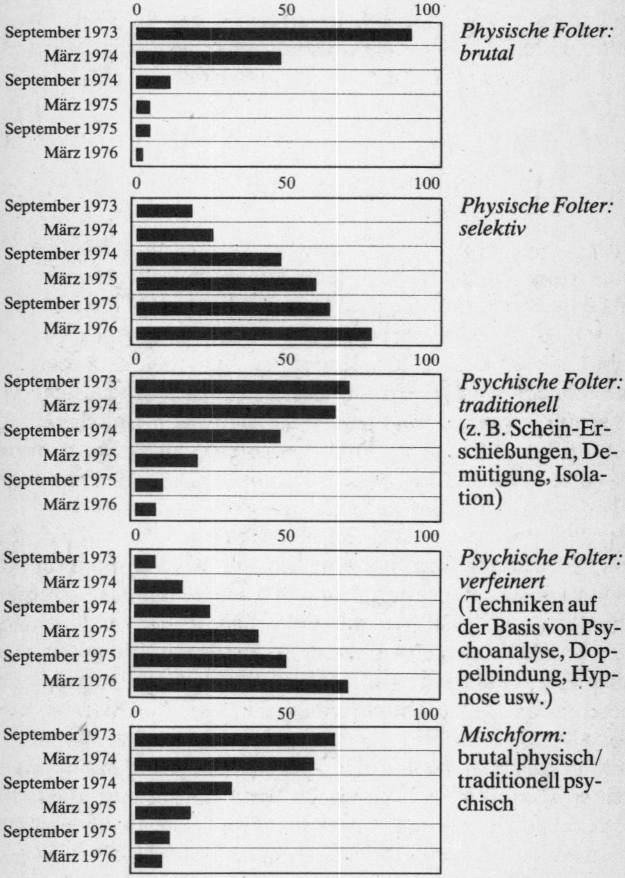

Entwicklung der Foltertechniken in Chile vom September 1973 (Putsch der Militärs) bis zum März 1976, untersucht auf der Basis von 248 Fällen

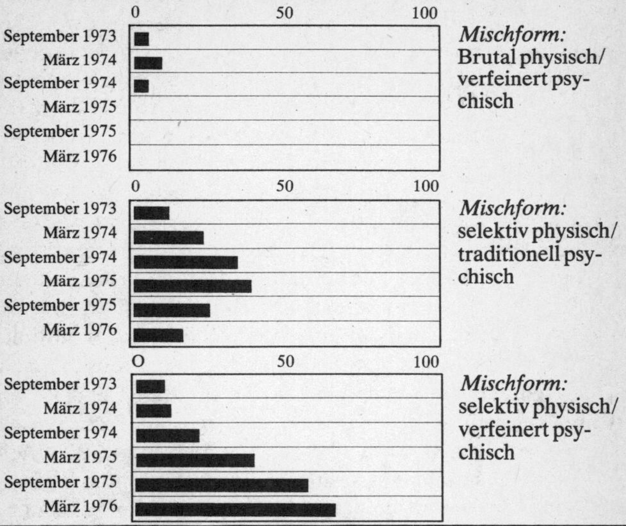

(Quelle: Symposium über Ethik auf dem XXI. Kongreß für Psychologie in Paris, Leitung Robert Pages, Generalsekretär der Französischen Psychologischen Gesellschaft)

3.2.1. Deprivationstechniken

Unter Deprivationstechniken versteht man Methoden, durch die dem Gefangenen systematisch lebenswichtige und gewohnheitsmäßig tief verankerte Bedürfnisbefriedigungen (Sinnesreizung, Schlaf, Nahrung) längere Zeit vorenthalten werden. Die Deprivation lebenswichtiger Bedürfnisbefriedigungen verursacht starke körperliche oder geistig-seelische Schmerzen.

In Deprivationsexperimenten, teilweise im Rahmen der Raumfahrtforschung durchgeführt, wurde das bestätigt, was von tatsächlich Deprivierten über die physischen und psychischen Folgen des Entzugs von Bedürfnisbefriedigungen berichtet worden ist. Hierzu zählen die Schilderungen von Schiffbrüchigen, in Bergwerken Eingeschlossenen, in der Wüste Verschollenen und nicht zuletzt in extremer Isolation gehaltenen Gefangenen.

Am meisten erforscht[11] und am häufigsten mißbraucht wird die sensorische Deprivation: der extreme Entzug von Sinnesreizen. Welche Wirkung diese Deprivationstechnik im psychophysischen System des Menschen hervorrufen kann, wurde erstmals 1954 von den Psychologen Bexton, Heron und Scott[12] eingehend erforscht, nachdem über systematisch angewandten Reizentzug von Heimkehrern aus dem Koreakrieg berichtet worden war. Darüber hinaus war schon zuvor bekannt geworden, daß Opfer der Stalinschen Verfolgungen vom KGB in den Gefängnissen sensorisch depriviert worden waren.
Das Deprivationsexperiment der oben genannten Psychologen wurde an der Mc-Gill-Universität in Kanada durchgeführt. Als Versuchspersonen fungierten 22 männliche College-Studenten. Sie sollten für 20 Dollar pro Tag in einer hell erleuchteten Zelle bleiben. Während des Aufenthalts mußten sie in einem bequemen Bett liegen und dicke Mattglas-Brillen tragen. Die Zelle durfte nur zum Essen und zum Verrichten der Notdurft verlassen werden. Solange die Versuchspersonen in der Zelle waren, mußten sie Handschuhe sowie bis zum Ellbogen reichende Pappmanschetten tragen, wodurch die Tastwahrnehmung eingeschränkt werden sollte. Die akustische Wahrnehmung wurde herabgesetzt durch die schalldichten Wände, Schaumgummikissen und durch die Geräusche der Belüftungsanlage. Die Kommunikation mit den Versuchsleitern wurde auf ein Mindestmaß reduziert.
Das Experiment wurde von kaum jemand länger als 48 Stunden ausgehalten. Zu Beginn des Experiments versuchten die Versuchspersonen zu schlafen. Dann begann eine ganze Reihe negativer Effekte einzutreten: extreme Unruhe, leichte Erregbarkeit, Konzentrationsschwierigkeiten. Bei einem Teil der Versuchspersonen waren Wahrnehmungsstörungen und wahnhafte Vorstellungen (Halluzinationen) zu beobachten. D. h., daß das psychophysische System dazu übergeht, sich selber zu reizen, wenn es von außen keine Reizzufuhr mehr erhält. Außerdem wurde festgestellt, daß sensorisch Deprivierte während und nach Beendigung des Reizentzugs für Suggestionen besonders empfänglich waren.
In den Folterberichten von amnesty international taucht die systematische Anwendung von Reizentzugstechniken immer wieder auf. Einerseits dienen sie dazu, die Kognition, also Wahrnehmen und Denken, so durcheinanderzubringen, daß Informationen herausgepreßt und Geständnisse erzwungen

werden können. Dabei hilft dem Folterer die im Gefolge der sensorischen Deprivation auftretende Erhöhung der Suggestibilität des Folteropfers. Andererseits eignet sich diese Psychotechnik ganz allgemein dazu, den Gefangenen zu terrorisieren und einzuschüchtern.

Wie die Technik der Deprivation zur Folterung herangezogen wird, geht aus einem ai-Bericht[13] über die Folter in Uruguay hervor. Man zwingt den Gefangenen, 100 Stunden zu stehen, wobei er die ganze Zeit eine Kapuze über dem Kopf tragen muß. Er darf keine Notdurft verrichten. Er darf weder essen noch trinken. Bricht er zusammen, wird er mit Gewalt zum Aufstehen gezwungen. Wenn der Gefangene dann nach drei bis vier Tagen zu halluzinieren beginnt und vor den Peinigern kapituliert, so verwundert dies nicht. Denn er mußte gleichzeitig mehrere Deprivationen durchmachen: visueller Reizentzug, Schlafentzug, Bewegungsentzug, Nahrungsentzug und sozialer Kontaktentzug. Es wird ihm die mehrfache Entzugsdosis dessen verabreicht, was die Versuchspersonen im Deprivationsexperiment an der Mc-Gill-Universität zu bewältigen hatten.

Deprivationstechniken wurden auch in Nordirland von der Royal Ulster Constabulary (RUC) angewandt[14], und zwar Anfang der siebziger Jahre. Als diese Folterpraktiken zum erstenmal in die Öffentlichkeit gelangten, wurden entsprechende Berichte als IRA-Propaganda abgetan. Im Laufe der Zeit befaßte sich die Europäische Menschenrechtskommission mit den Vorwürfen. Sie konnte die Menschenrechtsverletzungen der RUC letztlich beweisen und erklärte im Jahre 1976 die britische Regierung für schuldig, in Nordirland mittels Deprivationstechniken Gefangene gefoltert zu haben. Die Gefangenen mußten stundenlang Kapuzen tragen, die zusätzlich das Atmen erschwerten. Sie mußten stehen, bekamen weder Nahrung noch Schlafgelegenheit und waren außerdem einem unaufhörlichen Lärm ausgesetzt. Dabei traten die aus der experimentellen Deprivationsforschung bekannten Symptome auf. In diesem Zustand wurden die Gefangenen intensiven Verhören ausgesetzt.

3.2.2. Hypnosetechniken

Als Hypnose gilt ein Zustand erhöhter Beeinflußbarkeit. Dieser Zustand kann erreicht werden durch Verbalsuggestionen, oft kombiniert mit der Aufforderung, die Aufmerksamkeit auf einen Gegenstand oder ein Geräusch zu fixieren. Besitzt die zu hypnotisierende Person eine entsprechende Empfänglichkeit, so ist es möglich, sie in einen Zustand zu versetzen, der zwischen Wachsein und Schlaf liegt. Die Hypnose eröffnet unter anderem die Möglichkeit, Informationen und Erlebnisse zutage zu fördern, die das Wachbewußtsein verdrängt hat oder zurückhält. Dies dürfte ein wesentlicher Grund dafür sein, warum die Hypnose im Inventar der Psychofolter aufgetaucht ist.

Eine exilchilenische Arbeitsgruppe[15], die sich aus Angehörigen medizinischer und psychologischer Professionen zusammensetzt, ist in einer wissenschaftlichen Studie auf den Mißbrauch von Hypnosetechniken eingegangen. Sie weist zwar einerseits nach, daß in den chilenischen Folterinstitutionen von der Hypnose Gebrauch gemacht worden ist. Andererseits wird aber auch betont, daß die Hypnosefolter bisher nur geringe Erfolge gezeitigt hat. Bei der Anwendung von Hypnosetechniken kann sich die überwiegende Mehrheit den Suggestionsversuchen erfolgreich widersetzen. Dies ist vom klinisch-psychologischen Blickwinkel aus auch nicht überraschend. Denn die hypnotische Beeinflussung ist ganz stark abhängig von der Motivation des zu Hypnotisierenden.

Die exilchilenische Arbeitsgruppe berichtete über einen Fall, bei dem es gelungen war, aufgrund einer Hypnosestrategie eine wichtige Information zu erhalten. Es handelte sich um eine Rechtsanwältin, die inhaftiert war und kurz vor ihrer auf internationalen Druck erzwungenen Ausreise der »Hypnosefolter« unterzogen wurde. Während der Hypnosesitzung gab sie dem verhörenden Arzt preis, daß sie ein besonders enges Verhältnis zu ihrer Mutter habe und wünsche, daß diese ebenfalls ausreisen könne. Die Preisgabe dieser wichtigen Information hatte der Verhörende durch einen in die Hypnosesitzung eingebauten gesprächsstrategischen Trick erreicht. Zu Beginn der Hypnosesitzung stellte er zunächst ein paar belanglose, im Grunde genommen ablenkende politische Fragen. Die Gefangene merkte dies nicht und verwandte ihre noch verbliebene Energie auf die kontrollierte Beantwortung dieser Fragen. Erst dann ging der Arzt auf Fragen nach emotionellen Erlebnisinhalten über. Darauf sprach die Gefangene stark an. Ziel dieser Hypnosesitzung war es, jene oben beschriebene Information zu erhalten, aufgrund deren eine Verhinderung von Exilaktivitäten geplant werden konnte. Dies geschah auch,

und die Mutter der Gefangenen erhielt ein Ausreiseverbot. Damit war es möglich geworden, die Ausreisende im Exil politisch in Schach zu halten, und zwar dadurch, daß man die Mutter als Drohmittel zurückbehielt.
Die Anwendung von Hypnosetechniken ist auch aus einem Gefangenenbericht von den Philippinen zu ersehen.[16] Der Gefangene wurde gewaltsam in ein Krankenhaus eingeliefert und in einen dunklen Raum gebracht. Dort wurde er von einem Arzt, den er als »Psychoanalytiker« bezeichnete, hinsichtlich seiner Biographie befragt. Dieser forderte ihn auf, sich selber zu belasten. Dann wurde er in einen hypnoiden Zustand versetzt. Nach einiger Zeit spürte er den Einstich einer Spritze im Unterarm. Wahrscheinlich wurde der Zustand reduzierter Aufmerksamkeit pharmakologisch verlängert. Er wurde darauf, schätzungsweise mehr als vier Stunden, im Beisein zweier Leutnants verhört.

3.2.3. Interaktionstechniken

In Folterinstitutionen angewandte Interaktionstechniken zielen darauf ab, vermittels raffinierter Beeinflussung der Sozialbeziehungen vom Folteropfer gewünschte Informationen zu erlangen. Hierzu gehört ein spezifisches szenisches Arrangement. Die Exilchilenin Anna Vasquez[17] hat darüber in ihrem Referat während des 21. Internationalen Psychologenkongresses, der 1976 in Paris stattfand, ausführlich berichtet.
Die Folterer verhalten sich gegenüber dem Folteropfer nicht einheitlich. Sie inszenieren ihre Sozialbeziehungen zum Folteropfer nach einem bestimmten Drehbuch. Ein Teil des Folterteams übernimmt die Rolle des aggressiven Folterers. Sie verhalten sich ausgesprochen aggressiv. Sie quälen den Gefangenen physisch oder desorientieren ihn bewußt. Eine solche Desorientierung kann beispielsweise so aussehen, daß sie vorgeben, dem Gefangenen, dessen Augen verbunden sind, ein Glas Wasser vorzusetzen, das in Wirklichkeit jedoch leer ist. Diese Behandlung soll den Gefangenen in starke Angst versetzen.
Hat die von den aggressiven Folterern induzierte Angst den erwünschten Pegel erreicht, tritt ein anderer Folterer in die Szene ein. Er interagiert auf die entgegengesetzte Art und Weise. Er spielt die Rolle des verständnisvollen, väterlichen und freundlichen Befragers. Der Gefangene erhält seit seiner

Verhaftung zum erstenmal wieder Gelegenheit, eine »menschliche« Sozialbeziehung eingehen zu können.
Durchschaut der Gefangene dieses szenische Arrangement nicht, gerät er unweigerlich in die Falle. Der »verständnisvolle« und vermeintlich friedliche Befrager nutzt diese Sozialbeziehung zugunsten der Folterinstitutionen aus. Er entlockt dem Gefangenen Informationen, die dieser bisher trotz physischer Malträtierungen hat zurückhalten können. Der »verständnisvolle« Befrager signalisiert dem Gefangenen allerdings auch deutlich, daß er selbst schuld sei, wenn im Falle einer Verweigerung der Kooperation das alte, aggressive Interaktionsklima wiederkehren sollte.
In der Arbeitsteilung des Folterteams drückt sich oft auch die soziale Teilung des Folterpersonals aus. Den Part des aggressiven Folterers spielen einfache Vollzugsbeamte und Soldaten. Den Part des Verständnisvollen übernimmt der *white-collar*-Folterer. Hierzu zählen Ärzte und vermutlich auch Psychologen. Da die Häftlinge eher den gehobenen Sozialschichten entstammen, sollen die beruflichen und sozialen Merkmale der *white-collar*-Folterer den Einstieg in die »verständnisvolle« Interaktion erleichtern helfen. In einer Situation extremer Angst und Desorientierung ist der Gefangene geneigt, jede Identifizierungsmöglichkeit zu nutzen. Und zu diesen zählen schon Anzeichen gemeinsamer Herkunft, Sprache oder Bildung.
Auch wenn manche Gefangene das Drehbuch dieses Interaktionsspiels von vornherein enttarnen konnten, gab es doch andere, die von den Freundlichkeiten und Identifikationsmöglichkeiten des »verständnisvollen« Befragers Gebrauch machten.

3.2.4. Interviewtechniken

Damit sind nicht jene traditionellen Verhörmethoden gemeint, die allein auf massiven Einschüchterungen basieren. Interviewtechniken dürfen auch nicht mit den oben beschriebenen Hypnosetechniken verwechselt werden. Sie ähneln weit eher Befragungen, wie sie in der klinisch-psychologischen Praxis verwendet werden, um näheren Aufschluß über einen Klienten oder Patienten zu erhalten. Diese Ähnlichkeit bezieht sich vor allem auf die Vorstufe der eigentlichen Interviewtechnik. In diesem Zeitraum befragen Mitglieder der Folterinstitutionen

Drittpersonen (Eltern, Verwandte, Freunde), um Erkenntnisse über den soziologischen, sozialpsychologischen und entwicklungspsychologischen Hintergrund zu sammeln. Das Opfer ahnt von diesen Recherchen nichts. Die Hintergrunddaten dienen nun dazu, das Opfer so zu manipulieren, daß es erwünschte Informationen in der eigentlichen Interviewsituation preisgibt. Wie diese Interviewtechnik konkret funktioniert, ist dem Pariser Kongreßreferat von Anna Vàsquez[18] zu entnehmen.

Ein Offizier sucht die Familie einer zwanzigjährigen Bauerntochter aus Südchile auf, die verhaftet ist und sich weigert, Informationen herauszugeben. Er interviewt die Familie genauestens über Persönlichkeit und Biographie der Tochter. Er bekommt heraus, daß zwischen ihr und ihrem Vater eine starke emotionelle Bindung besteht. Sogar die vom Vater in ihrer Kindheit verwendeten Kosenamen werden ihm mitgeteilt. Der Offizier baut nun auf dieser Informationsbasis das manipulierte Interview auf. Er kündigt der Gefangenen an, daß sie ihren Vater sehen dürfe. Zunächst sei dies nur mit einer Augenbinde möglich. Falls sie sich bei diesem ersten Gespräch ordentlich verhalte, könnte ein zweites ohne Augenbinde stattfinden. In Wirklichkeit kommt nicht der Vater zu Besuch, sondern jemand, der aufgrund der Vorinformationen den Vater spielt. Während der Anwesenheit des vermeintlichen Vaters ist sie infolge emotioneller Rührung nicht in der Lage zu sprechen. Der falsche Vater bittet sie, sich so zu verhalten, daß man sich wiedersehen könne. Nachdem er gegangen ist, kommt der Offizier wieder und verspricht ihr einen zweiten Besuch des Vaters, falls sie ihm gewünschte Informationen liefere. Dies tut sie auch. Somit hat der Folterspezialist im eigentlichen Interview erreicht, was er infolge diffiziler Vorarbeit vorbereitet hat.

Daraufhin wird die Gefangene in ein Frauengefängnis verlegt. Dort bekommt sie von ihrer Familie tatsächlich Besuch. Jetzt erst erfährt sie, daß der Vater nie zuvor zu Besuch gekommen ist, sondern ein Folterer den Vater gespielt hat. Sie wird dadurch total verwirrt und gerät in einen zwei Wochen dauernden schizophren-katatonischen Zustand.

Dieses Beispiel zeigt drastisch und tragisch zugleich, wie mittels klinisch-psychologischer Erkenntnisse Folteropfer auf raffiniert manipulative Weise zur Herausgabe erwünschter Informationen gebracht werden können.

3.2.5. Kommunikationstechniken

Es handelt sich um Techniken, die durch ein hohes Maß gezielt angewandter Doppelbindung in der Kommunikation zwischen Folterer und Folteropfer gekennzeichnet sind. Unter Doppelbindung oder »double bind« ist eine Kommunikationsweise zu verstehen, die nach Bateson[19] an der Entstehung der Schizophrenie ursächlich beteiligt ist. Nach der double-bind-Hypothese von Bateson sind Schizophrene in ihrer Kindheit häufiger als Nichtschizophrene widersprüchlichen Anforderungen ihrer familiären Bezugspersonen ausgesetzt.
Die Widersprüchlichkeit der Anforderungen, vor allem seitens der Eltern, zeigt sich bevorzugt im Gegensatz zwischen sprachlicher und nichtsprachlicher Kommunikation bzw. zwischen Wort und Tat. Dies kann sich beispielsweise so abspielen, daß die Mutter dem Kind mitteilt, es könne zum Spielen weggehen, gleichzeitig aber durch Gesichtsausdruck, Ton oder Stimmlage ein Verbot zum Ausdruck bringt. Das Kind ist in dem Moment doppelt gebunden, zum einen an das Gebot und zum anderen an das Verbot. Wird es solchen Doppeldeutigkeiten sehr oft ausgesetzt, kommt es zu Fehlentwicklungen und Verwirrungen, die in einer Schizophrenie enden können.
Das systematische Anwenden doppelbindiger bzw. bewußt zweideutiger Kommunikationsformen findet man auch in Berichten aus Folterinstitutionen. Das Folteropfer soll ähnlich wie das dem double-bind ausgelieferte Kind verwirrt und verunsichert werden. Es soll ständig im unklaren über seine Situation bleiben. Wunschziel dieser Folterung ist, daß der Gefangene allmählich in einen psychotischen Zustand gerät und das Ich gebrochen wird. Ist diese Ich-Kontrolle nicht mehr vorhanden, gelingt es den Folterern relativ leicht, gewünschte Informationen zu erhalten.
Wie der double-bind angewandt wird und welche Wirkung er zeitigt, hat die Genfer Psychoanalytikerin Silvia Amati[20] aufgrund von Gesprächen mit einem uruguayischen Folteropfer analysiert und beschrieben. Sie stellt dar, wie ihre Gesprächspartnerin verhaftet wird und wie sie sensorisch depriviert wird, indem sie eine rauhe Kapuze übergestülpt bekommt. Im Gegensatz zu dieser unmenschlichen Form der Behandlung wird sie von den Folteroffizieren jedoch ausgesprochen höflich verhört. Dieser extreme Widerspruch zwischen dem Handeln und dem Sprechen stiftet Verwirrung.

»Du fühlst, daß du keinerlei Energie mehr hast, um Widerstand zu leisten. Die Situation ist schwer zu ertragen, weil sie voll von Zweideutigkeit ist ... man kann die Unterwassermethode sogar noch besser ertragen, weil man vor Haß stark wird. Durch diese ruhige Behandlung wird deine Widerstandskraft geschwächt, und du hast das Gefühl, sie könnten einen zu politischen Konzessionen bringen. Zu diesem Zeitpunkt beginnen die meisten Gefangenen zu reden, noch ehe sie irgendeiner Art wirklicher Folter unterworfen worden sind.«[21]
Wie schmerzvoll die double-bind-Folter ist, belegt die Aussage, daß man eine physische Folterung eher zu ertragen bereit wäre. Hier weiß das Folteropfer wenigstens, woran es ist. Im Falle systematischer double-bind-Kommunikation fällt es dem Gefangenen schwer, Abwehrmechanismen zu bilden. Er weiß nicht, ob er den Folterer hassen soll; er weiß nicht, ob er ihn fürchten soll. Er ist gefangen in einem Netzwerk von Zweideutigkeiten und wird dabei immer ohnmächtiger.

3.2.6. Konditionierungstechniken

Gemeint sind hiermit Verfahrensweisen, die nach dem Prinzip der klassischen oder der operanten Konditionierung dem Gefangenen das vom Folterer erwünschte Reagieren beibringen sollen. Durch das Konditionieren oder Bedingen soll eine bestimmte Reaktion oder ein Verhalten von bestimmten Bedingungen abhängig gemacht werden, so daß dieses später durch dieselben oder ähnliche Bedingungen wieder hervorgerufen werden kann. Die klassische Konditionierung wurde von I. P. Pawlow entdeckt. Sie erfolgt dann, wenn ein neutraler Reiz (z. B. Lichtreiz) unmittelbar vor einem natürlichen Reiz (z. B. Nahrung), der Reflexe auslösen kann (z. B. Speichelfluß), so lange dargeboten wird, bis der neutrale Reiz selbst den Reflex auslösen kann. Bei der operanten Konditionierung handelt es sich um einen von Skinner erforschten Lernaspekt. Wird nach einer bestimmten Reaktion ein belohnender Reiz (Verstärker) verabreicht, so steigt die Wahrscheinlichkeit, daß diese Reaktion, auch Operant genannt, wieder auftritt.
Beide Konditionierungsmethoden, sowohl die klassische als auch die operante, werden zur Manipulation von Folteropfern mißbraucht. Die operante Konditionierung hatte bereits zu Zeiten der chinesischen Gehirnwäsche eine wichtige Rolle gespielt. Der Gefangene bekam für seinen Lebensbedarf not-

wendige Verstärker, zum Beispiel Nahrung oder ein Mindestmaß an Bewegung, erst gewährt, nachdem er gewünschte Verhaltensweisen gezeigt hatte (siehe Kapitel 3.1.). Solche Praktiken entdeckt man aber auch in den ai-Berichten unserer Tage. Sie sind keineswegs nur in den Gefangenenlagern des Koreakrieges angewandt worden.
Auch klassische Konditionierungen können das Opfer schließlich dazu bringen, auf konditionierte Reize hin erwünschte Reaktionsbereitschaft zu zeigen. Dies geht aus einem Folterfall, der aus Chile berichtet wird, deutlich hervor:
»Bestimmte Reize signalisierten, daß sie nicht einschlafen darf, so wurde das Ticken einer Uhr in Verbindung gebracht mit einem bestimmten Geruch, der Schlaflosigkeit nach sich zieht. Der Schlag wurde in Verbindung gebracht mit einer Decke, die ihr dann weggenommen wurde, wenn sie schlafen wollte. Von einer bestimmten Melodie begleitet, wurden ihr Befehle gegeben. Und während des Verhörs wurde sie unter Ausnutzung ihrer sexuellen Reizbarkeit von ihren Wächtern masturbiert, bis sie die gewünschten Informationen gab.«[22]
Dieses letzte Beispiel zeigt, daß der Psychomißbrauch nicht auf ein bestimmtes Teilgebiet der Psychologie beschränkt ist. Wie im Falle der Interviewtechniken die Tiefenpsychologie, so wird hier die Lernpsychologie bzw. die Verhaltensmodifikation zur Foltermethode pervertiert.

3.3. Psychiatrisierung

Obwohl es sich hier eher um ein medizinisches Themengebiet handelt, da die Psychiatrie nach wie vor eine Teildisziplin der Medizin ist, soll es dennoch innerhalb einer »Psychologie der Folter« dargestellt werden. Denn die zwangsweise psychiatrische Behandlung weltanschaulicher Dissidenten, seien sie politisch oder religiös Andersdenkende, wirkt auf die Psyche genauso schmerzhaft wie die Anwendung moderner Psychotechniken. Außerdem nimmt die Psychologie immer mehr an der psychiatrischen Forschung und Praxis teil. Deshalb ist es angebracht, die Psychologie darüber zu informieren, welcher Mißbrauch in einem ihrer Tätigkeitsfelder betrieben wird.
Gegenwärtig werden Menschenrechtsverletzungen, die den Mißbrauch der Psychiatrie zu politischen Zwecken betreffen,

am häufigsten aus der Sowjetunion berichtet. Hierzu existiert sowohl innerhalb als auch außerhalb von amnesty international reichhaltiges und glaubwürdiges Beweis- und Dokumentationsmaterial. Besonders zu nennen sind der ai-Bericht »Politische Gefangene in der UdSSR«[23], die von amnesty international teilweise veröffentlichte Dokumentation »Strafmedizin«[24] des sowjetischen Dissidenten Alexander Podrabinek sowie das Buch »Dissident oder geisteskrank? Mißbrauch der Psychiatrie in der Sowjetunion«[25], verfaßt von Sidney Bloch und Peter Reddaway.

Warum sich gerade die Sowjetunion bevorzugt der Psychiatrisierung bedient, scheint zwei wichtige Gründe zu haben. Der erste Grund liegt im Historischen. Nicht erst der Sowjetstaat, sondern schon das Zarenreich hatte Andersdenkende dadurch sanktioniert, daß sie als geisteskrank etikettiert worden waren.[26] Der erste Fall stammt aus dem 17. Jahrhundert, der bekannteste aus dem 19. Jahrhundert, nämlich der des Philosophen Tschaadajew. Der zweite Grund ist im herrschenden psychiatrischen Krankheitsbegriff der UdSSR zu suchen. Dieser geht davon aus, daß das soziale Gefüge des sozialistischen Staates nicht verursachend sein könne für psychiatrische Erkrankungen. Die Ursachen dafür seien im Körper bzw. im zentralen Nervensystem zu suchen. Wenn jemand an der sozialistischen Gesellschaft Kritik übe, so könne dies nicht von der Umwelt, sondern von innen her verursacht worden sein. Das Dissidieren, das sich im krankhaften Kritisieren gesunder gesellschaftlicher Verhältnisse äußert, könne durch verschiedene Arten sogenannter endogener Psychosen hervorgerufen worden sein. Im Rahmen der Psychiatrisierung taucht diesbezüglich insbesondere der diagnostische Begriff »Schizophrenie« auf. Deren Manifestationsformen sind von Snesnewski, dem Exponenten der herrschenden psychiatrischen Lehrmeinung, verbindlich definiert worden.

Das Kernstück der Snesnewskischen Schizophrenielehre ist die chronische, schleichende Schizophrenie. Sie zeichnet sich durch ein hohes Maß an »Dehnbarkeit« aus, vor allem was ihren Nutzen bei der Psychiatrisierung von Dissidenten betrifft. Nach der Lehrmeinung von Snesnewski ist sie vom Laien schwer erkennbar, weil der Patient einen durchaus normalen Eindruck machen könne. Nur der Psychiater als Spezialist vermag diese an sich symptomlose Schizophrenie zu erkennen. Diese Definition öffnet der strafpsychiatrischen Willkür Tür und Tor.

Was das Thema »Psychiatriemißbrauch« angeht, dürfte vor allem auch die Frage interessieren, warum und wie ein Dissident in psychiatrische Institutionen gelangt. Die Frage nach dem »Warum« wird oft damit beantwortet, daß der Gefangene sich antisowjetischer Agitation und Propaganda oder der bewußten Diffamierung des sowjetischen Staates schuldig gemacht habe. Wenn jemand wegen solcher »Vergehen« psychiatrisiert wird, so geschieht dies entweder auf dem Wege von Strafprozeßmaßnahmen oder von Zivilprozeßmaßnahmen.

Der strafrechtliche Weg kann dann beschritten werden, wenn die Untersuchungsbehörden, und dies ist oft der Staatssicherheitsdienst KGB, zur Auffassung gelangen, daß eine psychiatrische Untersuchung aufgrund einer vermuteten Geisteskrankheit notwendig ist. Diese Untersuchung wird von einer psychiatrischen Gutachterkommission vorgenommen. Normalerweise gehören die Gutachter dem Serbski-Institut für forensische Psychiatrie in Moskau an, das als KGB-hörig gilt. Das psychiatrische Expertenteam legt seinerseits dem Gericht ein Gutachten vor. Darin nehmen die Gutachter Stellung zur Gemeingefährlichkeit des Verbrechens, der Unzurechnungsfähigkeit des Angeklagten sowie zur Notwendigkeit bestimmter psychiatrischer Maßnahmen. Die häufigste dieser Maßnahmen ist die Einweisung in psychiatrische Sonderanstalten.

Eine zivilrechtliche Psychiatrisierung kann erfolgen, wenn eine Person ganz einfach verdächtigt wird, geisteskrank zu sein, und die Gefahr zur Begehung gemeingefährlicher Taten besteht. Die Inhaftierung kann jeder Psychiater anordnen. Danach muß innerhalb eines Tages eine Untersuchung durch eine aus drei Personen bestehende Psychiaterkommission durchgeführt werden. Sie kann der Fortsetzung der Inhaftierung zustimmen. Diese zivilrechtliche Inhaftierung findet aber nicht in psychiatrischen Sonderanstalten, sondern in »normalen« psychiatrischen Krankenhäusern statt.

Die im Zusammenhang mit den Strafprozeßmaßnahmen genannten psychiatrischen Sonderanstalten sind bekannt für ihre besonders unwürdigen und unmenschlichen Umgangsformen.[27] Zur Zeit gibt es davon in der Sowjetunion mehr als ein Dutzend. Sie ähneln weit mehr Gefängnissen als Krankenhäusern. Insassen sind besonders gemeingefährliche Geisteskranke sowie ebenso klassifizierte Dissidenten. Bekannt sind Fälle wie die von Bukowski, Pljuschtsch, Fainberg, Grigorenko und anderen prominenten Opfern der Strafpsychiatrie. Die Mehrzahl ist namentlich unbekannt. Bloch und Reddaway[28] schätzen, daß sich die Gesamtzahl der in sonderpsychiatrischer Inhaftierung befindlichen Dissidenten auf mehr als 200 beläuft. Der emigrierte sowjetische Psychiater Novikov[29], der einmal selbst Mitarbeiter am gerichtspsychiatrischen Serbski-Institut war, geht von etwa 350 Psychohäftlingen aus.

Unterstellt sind die psychiatrischen Sonderanstalten dem Ministerium für innere Angelegenheiten, nicht aber den Gesundheitsbehörden. Geleitet werden sie von Ärzten und Offizieren. Die Krankenwärter setzen sich überwiegend aus Strafgefangenen zusammen, die in Besserungsanstalten angeworben werden. Sie sorgen für besonders aggressive und schikanöse Formen der Disziplinierung. »Diese schlagen die Insassen aus Vergnügen, aus sadistischem Trieb oder einfach, um sich ihre Arbeit zu erleichtern. Das übrige Personal schlägt die Insassen ebenfalls.«[30]

»Die Patienten können ihre natürlichen Bedürfnisse nicht verrichten, da die Wärter sie nicht immer gleich bei ihrer ersten Bitte zu den Toiletten bringen. Die Patienten selbst haben nicht das Recht, allein dorthin zu gehen, und daher müssen sie oft mehrere Stunden warten.«[31]

»In ihrer Korrespondenz mit der Außenwelt dürfen die Gefangenen weder ihre medizinische Behandlung noch die Bedingungen der Internierung beschreiben. Versuche, dies zu tun, können als Beweis für anhaltende Geisteskrankheit registriert werden.«[32]

Es besteht keine rechtlich garantierte Möglichkeit, sich über unmenschliche und grausame Formen der Behandlung zu beschweren. Der Psychohäftling befindet sich im Zustand totaler Kontrolle und Entrechtung. Der Entlassungszeitpunkt ist unbestimmt. Alle sechs Monate wird der Insasse von einer Psychiaterkommission untersucht. Diese entscheidet dann, ob er entlassen wird, in eine »normale« psychiatrische Anstalt verlegt wird oder weiterhin in der psychiatrischen Sonderanstalt bleiben muß. Die Chance, entlassen zu werden, ist groß, wenn der Dissident bereit ist, seine antisowjetischen Einstellungen aufzugeben, und verspricht, künftig antisowjetische Hetze und Propaganda zu unterlassen. Ist dies nicht der Fall, wird die Diagnose »Geisteskrankheit« aufrechterhalten.

Die Sowjetunion ist in Sachen Psychiatriemißbrauch zweifelsohne Hauptangeklagte. Deshalb wurde sie auch auf dem Weltkongreß für Psychiatrie, der 1977 in Honolulu stattfand, in einer Resolution verurteilt. Doch ist die Sowjetunion keineswegs das einzige Land, in dem politischer Mißbrauch der Psychiatrie vorkommt. Rumänien scheint diesbezüglich in den siebziger Jahren nicht selten gegen die Menschenrechte verstoßen zu haben.[33] Politische Dissidenten wurden von den Sicherheitsbehörden direkt in die Untersuchungshaft in einer Psychiatrischen Klinik gebracht. Die längerfristige psychiatrische Internierung wurde danach aufgrund einer während der Untersuchungshaft angefertigten psychiatrischen Diagnose gerichtlich sanktioniert. Aus einem in den Westen gelangten Dokument ist zu ersehen, daß der betreffende Dissident als paranoisch schizophren diagnostiziert wurde.[34] Wann der Dissident entlassen wird, hängt von der Entscheidung der in der Anstaltsverwaltung mitwirkenden Sicherheitsbehörden ab.

Aus einer Erklärung der Freien Gesellschaft zur Förderung der Freundschaft mit den Völkern der Tschechoslowakei geht hervor, daß auch in der CSSR Dissidenten psychiatrisiert wurden.[35] Die Gesellschaft beruft sich auf Dokumentationsmaterial und weist dabei besonders auf den Fall des Augustin Navratil hin. Weil dieser Dissident öffentlich die Religionsfreiheit forderte, wurde er als paranoischer Querulant diagnostiziert und in der Psychiatrischen Anstalt in Kromeriz zwangsbehandelt.

Psychiatriemißbrauch findet auch in Südafrika statt. Dort werden Oppositionelle genauso psychiatrisiert wie in den oben genannten Ostblockländern. Deshalb ist die 1977 vom Weltkongreß für Psychiatrie in Honolulu verabschiedete Resolution auch auf Südafrika gemünzt.[36] Es soll dort 14 als psychiatrische Kliniken bezeichnete Arbeitslager geben, in denen hauptsächlich Farbige inhaftiert sind und mit Elektroschocks und Psychopharmaka behandelt werden.[37]

Entsprechend der Ideologie und dem Rechtsverständnis der die Psychiatrie mißbrauchenden Staaten ist die Bekundung oppositioneller Meinungen und Überzeugungen anormal. Die Zuweisung zu psychopathologischen Kategorien und die Einweisung in psychiatrische Institutionen scheinen rechtskonform zu sein, zumindest systemintern. Wendet man jedoch die systemübergreifenden Menschenrechte, wie sie beispielsweise in der Allgemeinen Erklärung der Menschenrechte vom 10. 12. 1948 formuliert worden sind[38], auf das Verhalten der Dissidenten an, so handelt es sich bei ihren »Straftaten« lediglich um die

Wahrnehmung des Rechts auf Freiheit der Meinung und der Meinungsäußerung. Solche Menschen zu psychiatrisieren, ist grausam, unmenschlich und erniedrigend. Es handelt sich um Folter.

3.4. Psychopharmaka-Folter

Hierunter sind Foltermethoden zu verstehen, durch die psychische Funktionen des Folteropfers zwangsweise beeinflußt werden sollen. Sie werden zum einen vorgenommen mit Psychopharmaka im engeren Sinne, wozu beispielsweise Neuroleptika gehören. Zum anderen verwendet man auch psychotrope Substanzen im weiteren Sinne, mit denen ebenfalls auf Geist, Gefühl oder Verhalten eingewirkt werden kann. Ein Beispiel hierfür ist die Verabreichung von Halluzinogenen. Auch hier handelt es sich wie im Falle der Psychiatrisierung nicht um eine genuin psychologische Methode, da die Pharmakologie eine medizinische Disziplin ist. Doch sind auch in diesem Bereich, zumindest in der psychopharmakologischen Forschung, Psychologen tätig. Zweitens wird, wenn auch nicht direkt auf psychischem Wege, so doch indirekt auf Erleben und Verhalten manipulativ eingewirkt. Und dieser Mißbrauch muß den Psychologen genauso interessieren wie den Mediziner.

Die Psychopharmaka-Folter wird angewandt zur Immobilisierung von Gefangenen, zur Erzeugung von Gesprächsbereitschaft in Verhörsituationen, zur Angstinduktion und zur generellen Störung oder gar Zerstörung der Psyche, vor allem um damit das opponierende und dissidierende Einstellungssystem des Gefangenen außer Kraft zu setzen.

Die zwangsweise Beeinflussung des Gefangenen zum Zwecke der Immobilisierung und Ruhigstellung kommt häufig dort vor, wo Gefangene psychiatrisiert und in psychiatrischen Sonderanstalten oder Sonderstationen inhaftiert werden. Zu nennen wäre diesbezüglich insbesondere die Sowjetunion. Wendet sich der Dissident gegen die Inhaftierung, fordert er einen Rechtsbeistand oder beschwert er sich, so wird dieses Verhalten mit Disziplinierungsmaßnahmen beantwortet. Hierzu zählt unter anderem auch die sogenannte »medizinische Behandlung«.[39] Darunter ist beispielsweise die Zwangsapplikation von Neuroleptika zu verstehen. Neuroleptika sind Psychopharmaka, die normalerweise zur Dämpfung starker Erregungszustände sowie zur Reduktion von Wahnideen und psychotischen Sinnestäuschungen eingesetzt werden. Sie setzen das aktive Widerstandsverhalten stark herab. In den psychiatrischen Sonderanstalten scheint das Neuroleptikum Haloperidol, das bei hoher Dosierung besonders stark dämpft, am häufigsten appliziert zu werden. Da Neuroleptika eine Reihe negativer Nebenwirkungen sowohl im Organischen als auch im Psychischen hervorrufen, sollte entweder vor der Applikation auf Kontraindikationen geachtet werden oder nachher mit anderen Medikamenten kompensiert werden. Darauf wird jedoch anscheinend nur in geringem Maße Rücksicht genommen.[40]

Psychopharmaka werden zum Zwecke der Ruhigstellung und Immobilisierung auch in Folterzentren Südamerikas angewandt. Sie werden dort eingesetzt, um Haftneurosen und Haftpsychosen unter Kontrolle zu halten. Dafür werden eigens Militärärzte, Psychiater und Psychologen eingesetzt. Dies teilte der Kommandant des Folterzentrums »Libertad« in Uruguay deutschen Journalisten mit und wies darauf hin, daß Tranquilizer die »meist verwendete Medizin im Lager« seien.[41]

Psychopharmaka werden außerdem zu verhörtechnischen Zwecken verwendet. Im zwangsweisen Verhör soll der Gewissensgefangene dazu gebracht werden, falsche Geständnisse abzulegen oder Informationen herauszurücken. Gelingt es den Verhörenden nicht, die Willenskontrolle des Gefangenen zu schwächen oder zu brechen, wird bisweilen die Psychopharmaka-Folter benutzt. Die hierzu verwendeten Pharmaka werden oft auch als Wahrheitsdroge, Wahrheitsserum oder Plauderdroge bezeichnet. Man bedient sich dabei solcher Pharmaka, die in der Psychiatrie bei der Narkoanalyse eingesetzt werden. Patienten soll mit Hilfe hypnotisch wirkender Pharmaka die Möglichkeit verschafft werden, schmerzhafte und verdrängte Erlebnisse wiederzuerinnern und dabei kathartisch abzureagieren. Als Pharmaka werden intravenös injiziertes Pentothal oder Amytal am meisten gebraucht. Die Narkoanalyse hat anscheinend bei der Heilung von Patienten mit Kriegsneurosen positive Wirkungen gezeitigt.[42] Nach den Aussagen von Frantz Fanon[43] ist die Narkoanalyse im Algerienkrieg von französischen Militärärzten mißbraucht worden, um inhaftierten Freiheitskämpfern Geständnisse und Informationen zu entlocken. Die Folge war, daß die »Narkoanalysierten« mit verschiedensten psychopathologischen Reaktionen auf die Zwangsbehandlung reagierten. Ähnlicher Psychopharmaka-Mißbrauch wird aus Chile berichtet. »Pentothal wird benutzt, um den Gefangenen zu euphorisieren, es macht ihn geschwätzig. Skopolamin blockiert die richtige Gehirntätigkeit, die Erinnerung, hemmt den Willen, und so wird es dem Opfer unmöglich gemacht, beim Verhör zu lügen.«[44] Aufgrund von ai-Berichten gibt es Fälle von Psychopharmaka-Verhören auch in Peru[45] und Uruguay.[46]

Ob diese psychopharmakologischen Verhöre immer im Sinne der Erwartungen der Folterer ausgehen, ist zu bezweifeln. Die Dissidenten Bukowski und Glusman[47] gehen in ihrem »Psychiatrie-Handbuch für Dissidenten« auf die Anwendung von psychopharmakologischen Verhörmethoden in der Sowjetunion ein. Sie sprechen von »Amytal-Interviews«, die jedoch ihrer Meinung nach die willentliche Kontrolle nicht vollends auszuschalten vermögen: »Wir können aus unserer Sachkunde feststellen, daß dieses Verfahren wenig wirksam ist; fürchten Sie sich nicht davor, kontrollieren Sie ihre körperliche Verfassung, und Ihre Zunge wird sich nicht lösen!«

Die Rolle von Pharmaka kann auch darin bestehen, im Folteropfer Angst, Schrecken oder Verwirrung auszulösen, mit dem Ziel, ihn dadurch langfristig gefügiger und unterwürfiger zu machen. Nach Aussagen von Chile-Flüchtlingen wird dort zur Angstinduktion beispielsweise Curare eingesetzt.[48] Es bewirkt eine schwere Verkrampfung der Muskulatur und des Atemapparates. Im Gefolge davon tritt starke, panikartige Angst auf. Kurz vor dem totalen Funktionsausfall der Atmung wird dem Opfer Sauerstoff verabreicht. Nach Gefangenenberichten aus Uruguay hat man dort versucht, durch die Verabreichung halluzinogener Drogen Folteropfer systematisch zu verwirren. Ein Gefangenenbericht hierzu lautet: »In allen Gefangenenlagern im Land ist es üblich, Halluzinationen erzeugende Drogen zu verabreichen. Jeder reagiert darauf verschieden, aber beim Vergleich unserer Beobachtungen stellten wir fest, daß sich keiner vollständig von der Realität löste.«[49]

Nicht zuletzt kann die Psychopharmaka-Folter die Störung und Zerstörung opponierender und dissidierender Einstellungen und Meinungen zum Ziel haben. Eine hoch dosierte und langfristig betriebene Psychopharmaka-Behandlung an sich gesunder Menschen kann die motivationale und intellektuelle Grundlage des Dissidierens vernichten. Wer der Psychopharmaka-Folter ausgesetzt wird, gerät in die Gefahr, seine geistige

Freiheit dem Überlebenswillen, sofern er diesen noch hat, zu opfern. Podrabinek beschreibt diesen Konflikt folgendermaßen: »Einige politische Gefangene widerrufen tatsächlich ihre Ansichten, geben zu, daß sie geisteskrank sind, und versprechen, ihr ›Verbrechen‹ nicht zu wiederholen, nur um diese ›Behandlung‹ zu beenden.«[50]

4. Psychische Folterwirkungen

»Wenn man Elektroschocks genau dosiert anwendet, degradiert man damit keineswegs die Persönlichkeit des Feindes. Es schüttelt einen natürlich und ist verständlicherweise sehr unangenehm, aber man übersteht es ohne tiefe Nachschäden. Es gibt viele Beispiele von Leuten, die sich über sogenannte Folter beschwert haben, der sie unterzogen wurden, die wir aber Jahre später in voller Gesundheit wiedergetroffen haben. Sie scheinen also wirklich nicht sehr gelitten zu haben.« (General Massu, Frankreich.)

»Viele Besucher haben die paar stinkenden Taugenichtse im Gefängnis gesehen, wie wohlgenährt, gesund und strahlend sie aussehen. Aber kaum haben sie Chile verlassen, reden sie von Folter und anderem Unsinn.« (Doña Lucia Pinochet, Chile.)

»Das Opfer muß eine ungeheuer große psychische Anstrengung machen, derjenigen vergleichbar, die jemand machen muß, der einen akuten psychotischen Zustand durchlebt hat, denn er muß seine Persönlichkeit durch Integration des Traumas reorganisieren. Kein Zweifel, daß viele Gefolterte krank, psychisch oder physisch versehrt bleiben oder zu lebenden Toten werden.« (Silvia Amati, Reflexionen über die Folter.)

»Danach konnte zunächst die psychische Befindlichkeit ehemaliger KZ-Häftlinge durch drei unterschiedliche Grundstörungen faktorenanalytisch charakterisiert werden. Als schwerwiegendste muß die ›Resignation und Verzweiflung‹ genannte angesehen werden. Dieser Faktor bezeichnet den Zustand eines sinnlos gewordenen Lebens, das keine erstrebenswerte Zukunft kennt. Es ähnelt dem in der Literatur beschriebenen Depressionsbild.« (Paul Matussek, Die Konzentrationslagerhaft und ihre Folgen.)

Daß die Tortur, ob physisch oder psychisch angewandt, das Opfer peinigt, quält, schmerzt, ist für jeden einsichtig und nachfühlbar. Hier bedarf es nicht der wissenschaftlichen Verifikation, hier reichen das Verständnis und die Sensibilität des Alltagsmenschen aus, um das zu ergründen, was unmittelbar im

Folteropfer vor sich geht. Daß die Folter auch dann noch die Psyche des Gefolterten heimsucht, wenn er die Folterinstitution längst verlassen hat, dürfte nicht mehr jedem einsichtig sein. Warum denn noch leiden, wenn die Bedingungen des Leidens schon längst eliminiert sind?
Wie die Psyche der Gefolterten nach der Folterhaft aussieht, darüber hat es seit dem Ende des Zweiten Weltkrieges eine Menge wissenschaftlicher Untersuchungen gegeben. Am gesichertsten und umfangreichsten sind Erkenntnisse über die psychischen Folgen nationalsozialistischer Konzentrationslagerhaft. Ein Teil der Untersuchungsergebnisse betrifft auch die psychischen Wirkungen der im Koreakrieg praktizierten Gehirnwäsche. Untersuchungen, die sich mit der psychischen Situation der Folteropfer der sechziger und siebziger Jahre befassen, sind relativ rar.
Im folgenden wird versucht, bisherige Erkenntnisse über die Psyche der Gefolterten zusammenzufassen. Dabei wird zwischen kurz- und langfristigen Folterwirkungen unterschieden. Darüber hinaus wird auch aufgezeigt, daß an den Folterfolgen nicht nur das Folteropfer psychisch leidet, sondern auch dessen Kinder. Man spricht in diesem Zusammenhang von Intergenerationswirkungen. Nicht zuletzt wird auch danach gefragt, welche psychischen Folgen die Folter im Bewußtsein derjenigen auslöst, die selbst gar nicht gefoltert wurden. Hiermit sind die Bürger der menschenrechtsverletzenden Staaten gemeint.

4.1. Kurzfristige Folterwirkungen

Die kurzfristigen psychischen Folterwirkungen erstrecken sich auf die ersten Monate und Jahre nach der Entlassung aus den Folterinstitutionen. Sie sind abzugrenzen von den langfristigen Folterwirkungen, die manche Folteropfer selbst dann noch spüren und erleiden müssen, wenn das Erlebnis der Tortur schon zehn, zwanzig oder mehr Jahre zurückliegt. Wie wir später noch sehen werden, gibt es zwischen dem Symptombild der kurzfristigen und der langfristigen Folterwirkungen wichtige Unterschiede.
Die Frage ist, was im Folteropfer psychisch vor sich geht, nachdem es aus den Folterinstitutionen entlassen oder befreit worden ist. Identifiziert man sich mit dem Gequälten, so könnte

man vermuten, die Entlassung oder Befreiung wirke wie eine Katharsis und die leidvollen Affekte würden abreagiert, sobald der Zustand maximaler Unmenschlichkeit und Unfreiheit zu Ende wäre.

Viktor E. Frankl, als Konzentrationslagerhäftling selbst Opfer von Folterungen, hat sich mit dieser Frage in seinem Erlebnisbericht »... trotzdem Ja zum Leben sagen« auseinandergesetzt.[1] Er betont ausdrücklich die Gefahren, die die seelische Druckentlastung der Befreiung zur Folge hat.

Eine wesentliche Erlebnisreaktion des entlassenen Häftlings ist die Depersonalisation. »Alles erscheint unwirklich, unwahrscheinlich, alles erscheint wie ein bloßer Traum. Noch kann man es nicht glauben.«[2]

Eine weitere Gefahr sieht Frankl darin, daß der Befreite die Rolle des Aggressionsopfers mit der des Aggressors vertauscht. Die langjährige Demütigung und Ohnmacht verleiten dazu, Rache zu üben für erlittene Qualen.

Eine dritte Gefahr psychischer Schädigung liegt in der zunehmenden Verbitterung des ehemaligen KZ-Häftlings. Diese Verbitterung entsteht aus den Reaktionen seiner Umwelt. »Wenn so ein Mensch heimkehrt und feststellen muß, daß man ihm hier und da mit nichts besserem als Achselzucken oder billigen Phrasen gegenübertritt, dann bemächtigt sich seiner nicht selten eine Verbitterung, die ihm die Frage aufdrängt, wozu er eigentlich alles erduldet hat.«[3]

Schließlich gibt es das schmerzvolle Erlebnis der Enttäuschung. Der Häftling hat all die Jahre seine Hoffnung allein auf das Leben danach oder auf die engsten Bezugspersonen ausgerichtet. Nun kann sich plötzlich herausstellen, daß diese Zielorientierung, die minimales Weiterleben und Existieren ermöglichte, eine Illusion gewesen ist. Diese Enttäuschung fügt dem Gefühl neue Schmerzen zu.

Nach den Erkenntnissen des holländischen Psychiaters Jan Bastiaans[4] lassen sich die ersten beiden Phasen des Post-KZ-Syndroms folgendermaßen beschreiben: Ganz zu Beginn reagiert der Entlassene mit einem allgemeinen, unspezifischen Zustand der Nervosität, der sich sowohl psychisch als auch organisch äußert. Danach sind drei psychiatrische Symptomatiken häufig zu beobachten: reizbare Überaktivität, Depressionen und mit traumatischen Erfahrungen zusammenhängende Erschöpfungsreaktionen. Hinzu kommen »psychosomatische Syndrome aller Organsysteme«.[5]

In einer Abhandlung über die klassische Gehirnwäsche im Koreakrieg gehen Farber, Harlow und West auch auf die psychische Situation der Heimkehrer ein.[6] Bei vielen Opfern der Gehirnwäsche ist »in überdurchschnittlichem Maße Ängstlichkeit, Defensivität, Mutlosigkeit, Mißtrauen und Unsicherheit«[7] zu beobachten. Erinnerungen, die das eigene Verhalten in den zwangsweisen Beeinflussungssituationen der Gehirnwäsche betreffen, unterliegen einer außerordentlich starken Verdrängung.
Wie die Psyche der Gefolterten im Anschluß an Folterungen durcheinandergerät, beschreibt Frantz Fanon in »Die Verdammten dieser Erde«.[8] Er weist darauf hin, daß das psychiatrische Krankheitsbild der Folteropfer auch von der Folterform abhängt. So reagierten allgemein physisch Gefolterte mit Bewegungsunruhe, psychisch bedingter Appetitlosigkeit und agitierten Depressionen. Speziell mit Elektroschocks Gefolterte zeigten vor allem Apathie, lokale oder allgemeine Zoenaestopathien (Störungen der Körperempfindung) sowie phobische Ängste vor Elektrizität. Bei psychopharmakologisch Gefolterten, und zwar bei solchen, denen man das sogenannte Wahrheitsserum verabreichte, waren Wortstereotypien, Trübungen der intellektuellen und sinnlichen Wahrnehmung, soziale Angst und Hemmungen zu beobachten. Folteropfer, die der klassischen Gehirnwäsche unterzogen wurden, reagierten phobisch auf Diskussionen in der Gruppe und entwickelten Zwangsvorstellungen.
Eine umfangreiche und exakte Untersuchung über die Folgen der Folter unternahm eine dänische Ärztegruppe, deren Mitglieder amnesty international angehören.[9] Untersuchungspersonen waren 17 chilenische und 23 griechische Folteropfer. Betrachtet man die psychische Symptomliste,[10] dann stehen Reizbarkeit, Aggressivität und Labilität an erster Stelle. Dahinter folgen Angstneurosen; Depressionen stehen an dritter Stelle. Schließlich werden noch Kommunikationsstörungen und Phobien genannt.
Die in Kapitel 3 erwähnte exilchilenische Arbeitsgruppe hat sich nicht nur mit dem Mißbrauch von Psychologie und Psychiatrie in den Folterinstitutionen der chilenischen Militärdiktatur befaßt, sondern darüber hinaus auch die im Exil aufgetretenen psychischen Folterfolgen analysiert.[11] Ihre Untersuchungsstichprobe bestand aus 75 politischen Häftlingen, die in den ersten zweieinhalb Jahren nach Errichtung der chile-

nischen Militärdiktatur physischen und psychischen Folterungen unterzogen worden waren. Darunter waren 29 Männer und 46 Frauen im Alter von 15 bis 62 Jahren.
Um den tatsächlichen Foltereffekt zu ermitteln, wurden die Folteropfer eingehend über den Gesundheitszustand vor der Inhaftierung befragt. Ergebnis dieser Befragung war, daß 46 Personen zuvor weder eine körperliche noch eine psychische gesundheitliche Beeinträchtigung aufwiesen. Die übrigen 29 Personen waren vor dem Inhaftierungszeitpunkt schon einmal in irgendeiner Weise krank: 8 Personen somatisch, 8 Personen psychosomatisch und 13 Personen rein psychisch. Alles in allem lag also bei 54 der 75 politischen Häftlinge vor der Einweisung in die Folterinstitutionen keine psychische Erkrankung vor.
Bei denjenigen Exilchilenen, die vor der Inhaftierung psychisch stabil gewesen waren, konnten im Exil eine ganze Reihe psychischer Folgewirkungen beobachtet werden. Bei einigen Folteropfern traten schwere Depressionen auf, die durch die Trostlosigkeit der Exilsituation noch zusätzlich verstärkt wurden. Dies führte auch zu suizidalen Tendenzen. Bei anderen wiederum war das Symptombild von einer schweren Angstneurose dominiert. Es gab auch Gefolterte, die in einen paranoiden Zustand gerieten. Sie hatten die Vorstellung, wieder in die Hände der Folterer zu geraten. Bei einem weiteren Teil der Untersuchungspersonen war der psychische Zustand durch eine allgemeine Apathie gekennzeichnet. Es kam auch zum Auftreten von Gedächtnis- und Konzentrationsstörungen. Bei einigen Folteropfern waren sogenannte Symptomfixierungen zu beobachten: In der Foltersituation gebildete Reaktionen wie Schweißausbrüche, Ausfälle der Körperempfindung, übermäßiger Durst oder Harnlassen traten im Exil immer wieder auf, und zwar dann, wenn die jeweilige Person in eine Streß-Situation geriet.
Bei Häftlingen mit psychischer Vorbelastung war folgendes festzustellen. Entweder wurde eine frühere, aber bereits überwundene psychische Erkrankung durch die Folterungen erneut ausgelöst, oder eine kurz vor der Inhaftierung bestehende psychische Erkrankung wurde verstärkt. Bei manchen dieser vorbelasteten Untersuchungspersonen kam es zu qualitativen Veränderungen des Symptombildes. Bei anderen blieb das Symptombild unverändert, wurde jedoch insgesamt schwieriger und therapieresistenter. Besonders auffallend war die Suizidproblematik.

Zu bemerken ist noch, daß die psychischen Probleme dieser Folteropfer nicht nur in der Bewältigung von Ängsten, Depressionen, Suizidtendenzen u. ä. liegen, sondern auch in der Kontrolle von Haß und Aggressionen. Dies geht sowohl aus der oben erwähnten dänischen Untersuchung hervor als auch aus einem Interview mit dem chilenischen Arzt Dr. Barudy.[12]
Ein einheitliches Symptombild der psychischen Kurzzeitwirkung der Folter läßt sich nur schwer konstruieren. Wesentliche Gründe hierfür sind die Unterschiede in bezug auf die Terminologie der Symptombenennung, Foltermethoden, nationale und kulturelle Herkunft sowie die Umweltbedingungen nach der Inhaftierung. Letztlich wird die psychische Folterwirkung auch von der Persönlichkeit des Folteropfers mitbestimmt. Dennoch läßt sich den Untersuchungen eine gewisse Eigenart des Symptombildes entnehmen. Die verschiedenen Reaktionsweisen fallen durch eine hohe Intensität und Sichtbarkeit auf. Die Depression ist stark und agitiert, die Angst ist groß und manifest, ebenso die Aggression oder die Erregbarkeit. Der Abstand zu den Foltererlebnissen ist noch viel zu kurz, die Erlebnisbearbeitung noch voll im Gange.
Die verschiedenen Untersuchungen zeigen, daß die Katharsis der Befreiung und Entlassung nicht ausreicht, um die psychischen Qualen der Folter zum Verschwinden zu bringen. Die Reize der Folter sind äußerlich zwar nicht mehr existent, haben sich aber verinnerlicht. Diese innerpsychischen Repräsentanten der Folter sind noch so aktiv und virulent, daß sie den Gefolterten auch weiterhin heimsuchen. Sie kehren wieder in Gestalt von Ängsten, Depressionen, Verfolgungsideen, Aggressionen, Konzentrationsstörungen oder psychosomatischen Beschwerden. Dies ist der psychische Zustand der Gefolterten in den ersten Monaten und Jahren, die vergangen sind, seit sie die Folterinstitutionen zum letzten Mal von innen sahen.

4.2. Langfristige Folterwirkungen

Wie sieht die psychische Lage der Gefolterten aus, wenn zehn und mehr Jahre seit dem Ende der Folterhaft vergangen sind? Diese Frage ist in den letzten beiden Jahrzehnten vergleichsweise häufig untersucht worden. Untersuchungspersonen waren größtenteils ehemalige KZ-Häftlinge, die während der NS-

Zeit aus rassischen, politischen, religiösen oder nationalen Gründen grausam, unmenschlich und erniedrigend bestraft und behandelt wurden. Untersucht wurden diese KZ-Opfer deshalb so häufig, weil im Rahmen von Entschädigungs- und Berentungsverfahren wissenschaftliche Erkenntnisse gebraucht wurden. Darüber hinaus benötigten die mit der Betreuung von KZ-Opfern befaßten Mediziner und Psychologen Wissen, um ihre therapeutischen Möglichkeiten verbessern und optimieren zu können. Nicht zuletzt sollten die Untersuchungen über die Spätfolgen der Konzentrationslagerhaft die Erinnerung an eine grausame Zeit wachhalten helfen.
Wenn über die psychischen Spätfolgen der Folterhaft berichtet wird, so impliziert dies nicht, daß alle Folteropfer davon betroffen sind. Überblickt man die Forschungsliteratur, dann kann davon ausgegangen werden, daß ca. ein Drittel bis ein Viertel der KZ-Opfer keine psychischen Langzeitschäden davongetragen haben. Bei der Mehrzahl jedoch läßt sich eine psychische Symptomatik unterschiedlicher Qualität und Intensität feststellen.
Als eine der ersten Studien über die psychischen Langzeitwirkungen der KZ-Lagerhaft ist eine Untersuchung Eitengers[13] zu nennen. Die häufigsten Symptome des von Eitinger so bezeichneten KZ-Syndroms waren Nervosität, Gedächtnisschwäche, dysphorische Verstimmungen, Gefühlslabilität und Angst. Im mittleren Bereich der Symptomliste wurden genannt: Ängste, Insuffizienzgefühle, Antriebsschwäche, Kopfschmerzen und vegetative Beschwerden. Dann folgten Symptome wie Angstträume, Depressionen, Zittern, Alkoholmißbrauch oder Alkoholintoleranz. Bei den Untersuchungspersonen handelte es sich um ehemalige Häftlinge nationalsozialistischer KZs sowie norwegischer und japanischer Lager.
Hermann und Thygesen[14] untersuchten 1964 225 im KZ inhaftierte Widerstandskämpfer. Der Zeitabstand zur Haftentlassung betrug 19 Jahre. Trotz dieser Zeitdistanz waren 80% weiterhin emotional labil und reizbar. Sie neigten zu raschem Weinen, hatten Schlafstörungen und Angstträume, litten an Gedächtnis- und Konzentrationsschwächen und vermehrtem Schwitzen.
Bastiaans[15] stellte in seinen holländischen Untersuchungen fest, daß selbst zwei Jahrzehnte nach Kriegsende der Reizschutz der ehemaligen KZ-Häftlinge von den Hafterlebnissen immer wieder durchbrochen wurde. Der Durchbruch von alten

Erlebnisreizen ins Bewußtsein wurde durch äußere Anlässe wie z. B. Fernseh- und Rundfunksendungen gefördert. »Aufs neue treten Alpträume, Schlafstörungen, Angst, Krisen, depressive oder paranoide Reaktionen auf.«[16]
Tuteur[17] diagnostizierte die psychische Lage von 100 ehemaligen KZ-Häftlingen. Der Zeitpunkt ihrer Befreiung aus der KZ-Haft lag 20 Jahre zurück. Dennoch reagierten sie auf die damaligen Extrembelastungen immer noch mit Depressionen und Ängsten. Alle wurden von den KZ-Erlebnissen auch in den Träumen heimgesucht.
Matussek[18] unterzog alle Untersuchungsdaten von 170 KZ-Überlebenden einer Faktorenanalyse. Dabei fand er vier Dimensionen, die dem Beschwerdebild des Spätgeschädigten zugrunde liegen. Im einzelnen handelte es sich um Kontaktstörungen, Vitalstörungen (z. B. Schlafstörungen), Angst und Depressivität. Eine zweite Faktorenanalyse, die lediglich auf der Basis rein psychischer Merkmale vorgenommen wurde, ergab drei Grunddimensionen psychischer Störungen: Resignation und Verzweiflung, Apathie und Hemmung sowie aggressiv-gereizte Verstimmung.
Mit den psychischen Spätfolgen ehemaliger jüdischer KZ-Häftlinge befaßte sich eine Studie des Israelischen Instituts für angewandte Sozialforschung.[19] Der Zeitabstand zwischen Untersuchung und Haftbeendigung betrug 25 Jahre. Untersuchungspersonen waren 77 weibliche Exhäftlinge mit klimakterischen Problemen im Alter von 45 bis 54 Jahren. Sie wurden mit einer Kontrollgruppe verglichen, die keine vergleichbaren Extrembelastungen durchmachen mußte. Ergebnis war, daß die KZ-Überlebenden mit den klimakterischen Veränderungen schlechter zurechtkamen als die Kontrollgruppe.
Hoppe[20] beschrieb das psychische Symptombild einer Stichprobe von 190 Verfolgten, die großenteils in Nazi-KZ-Haft waren. Davon zeigten 70 % eine chronische, reaktive Depression. Eine Symptomatik, die sowohl aus depressiven als auch aus aggressiven Komponenten bestand, war bei 23 % festzustellen. An chronischer, reaktiver Aggressivität litten 5 %. Bei den restlichen 2 % lag eine paranoide Schizophrenie vor.
Wichtig ist auch noch der Hinweis auf eine Untersuchung, die Eitenger[21] mit 498 ehemaligen norwegischen KZ-Häftlingen durchführte. Er verglich deren Sterbe- und Krankheitsraten mit einer Parallelstichprobe, deren Stichprobenmitglieder keine KZ-Haft mitmachen mußten. Es kam eindeutig zutage, daß

die KZ-Überlebenden früher sterben und in erhöhtem Maße psychisch und psychosomatisch erkranken.
Keller[22] unternahm 1977 den Versuch, die Literatur zum Thema »Psychische Spätschäden der Folter« inhaltsanalytisch auszuwerten, um somit ein gemeinsames Symptombild zu erhalten. Basis waren zwischen 1967 und 1977 in das Dokumentationssystem der Psychological Abstracts aufgenommene Literaturdokumente, die unter den Suchstichwörtern »concentration camp« und »persecution« auffindbar waren. Daraus wurden nun sämtliche Forschungsarbeiten extrahiert, die psychologische Spätschäden von Folteropfern zum Inhalt hatten. Die Gesamtzahl verwendbarer Forschungsarbeiten belief sich auf 64.
Diese 64 Literaturdokumente wurden dann inhaltsanalytisch ausgewertet, indem sämtliche Spätfolgen beschreibende Begriffe registriert, klassifiziert und ausgezählt wurden. Zu beobachten ist, daß die Post-KZ-Zeit von 80 % in diesen Literaturdokumenten vorkommenden Untersuchungspersonen mindestens 20 Jahre beträgt. Im einzelnen brachte die Inhaltsanalyse folgende Symptomkategorien zutage:
- chronifizierte, reaktive Depressionen traten bei 27 % der Opfer auf;
- ständige Wiederkehr der Traumen in Tag- und Nachtträumen (16 %);
- Beeinträchtigung des Selbstwertgefühls (15 %);
- generelle, neurotische Angst (8 %);
- schwer kontrollierbare Gefühle der Aggression und des Hasses (7 %);
- soziale Kontaktstörungen (7 %);
- Arbeitsstörungen (6 %);
- Gedächtnisstörungen (6 %);
- psychosomatische Erkrankungen (5 %);
- Paranoia (Verfolgungswahn) (3 %).

Daß die Symptombilder der verschiedenen Langzeituntersuchungen sich nicht genau decken, ist wie im Falle der Kurzzeituntersuchungen nicht verwunderlich. Auch hier sind es Bedingungen, die innerhalb und außerhalb des Folteropfers liegen und aufgrund ihrer Verschiedenheit unterschiedliche Pathologien erzeugen. Die Persönlichkeitsentwicklung vor der Inhaftierung, die nationale, rassische und kulturelle Herkunft, die Besonderheiten der Folterhaft, die Post-Folter-Zeit sowie die Terminologien des Untersuchenden bedingen die Variation der Symptombilder.

Dennoch bewegt sich die Variation innerhalb bestimmter Grenzen, so daß gewisse Gemeinsamkeiten der langfristigen psychischen Folterfolgen und Unterschiede zu den kurzfristigen psychischen Folterfolgen festzustellen sind. Was in den ersten Monaten und Jahren noch als manifest, agitiert und stark erregt erscheint, verwandelt sich auf lange Sicht in einen Zustand des chronischen und latenten Leidens, in dem die Jahrzehnte zurückliegenden Foltererlebnisse zwar nicht mehr so heftig, aber regelmäßig repetiert werden. Die Hoffnung auf eine Bewältigung des Leidens ist auf den Nullpunkt gesunken. Die Depression wird zu einer innerpsychischen Konstanten.

Was Psychiatrie, Psychologie und Sozialforschung in bezug auf die psychischen Langzeitwirkungen der Folter empirisch zutage gefördert haben, hat Jean Améry anhand seiner eigenen KZ-Erlebnisse sehr eindringlich beschrieben: »Wer der Folter erlag, kann nicht mehr heimisch werden in dieser Welt. Die Schmach der Vernichtung läßt sich nicht austilgen. Das zum Teil schon mit dem ersten Schlag, in vollem Umfang aber schließlich in der Tortur eingestürzte Weltvertrauen wird nicht wiedergewonnen. Daß der Mitmensch als Gegenmensch erfahren wurde, bleibt als gestauter Schrecken im Gefolterten liegen: Darüber blickt keiner hinaus in eine Welt, in der das Prinzip Hoffnung herrscht.«[23]

4.3. Intergenerationswirkungen der Folter

Nicht nur das Folteropfer allein ist von den Wirkungen der Tortur betroffen. Der Wirkungsradius der Folter erstreckt sich auch auf seine Kinder. Denn die durch die Folter bedingten Beschwerden und Erlebnisreaktionen können vom Folteropfer nur schwer verdeckt werden. Die Wahrscheinlichkeit ist sehr groß, daß die Familiendynamik davon beeinflußt wird und daraus resultierende Störungen der zwischenmenschlichen Beziehungen sich in der Psyche der jüngeren Familienmitglieder niederschlagen. Das leidvolle Erleben und Nacherleben der Folter überträgt sich somit von einer Generation auf die andere.

Inzwischen gibt es eine Reihe von Studien, die den Intergenerationseffekt der Folter nachgewiesen haben. Davon befassen

sich die meisten mit Kindern ehemaliger KZ-Folteropfer. Es fällt auf, daß die Kinder ähnliche psychische Beschwerdebilder wie ihre Eltern zeigen.
Aus einer Untersuchung, die Sigal[24] am Jewish General Hospital in Montreal durchführte, geht der Intergenerationseffekt eindeutig hervor. Eine Stichprobe von 70 »mid-teen-age-children«, deren Eltern KZ-Häftlinge waren, wies eine überzufällig höhere psychische Störanfälligkeit auf als eine Kontrollstichprobe von Gleichaltrigen ohne Eltern mit KZ-Vergangenheit.
Rustin und Lipsig[25] stellten fest, daß Kinder von KZ-Überlebenden vor allem an Depressionen und sozialen Kontaktstörungen litten. Barocas[26] faßte seine an Kindern von KZ-Überlebenden gewonnenen Beobachtungen wie folgt zusammen: »Meine therapeutische Arbeit mit solchen Fällen zeigt, daß sie eine Symptomatologie und psychiatrische Merkmale aufweisen, die dem in der internationalen Literatur beschriebenen KZ-Syndrom auffallend ähnlich sind.«[27]
Karr[28] versuchte den Intergenerationseffekt durch eine experimentelle Untersuchung nachzuweisen. Hierzu teilte er 71 Personen, die zwischen 17 und 29 Jahre alt waren, in drei Gruppen ein. Die erste Gruppe bestand aus Personen, deren Eltern in KZ-Haft waren. Bei der zweiten Gruppe war nur ein Elternteil inhaftiert. Die dritte Gruppe hatte Eltern, die frühzeitig der Nazi-Verfolgung entrinnen konnten. Die anschließenden Test- und Interviewuntersuchungen ergaben, daß die erste Gruppe sich psychisch von den anderen Gruppen deutlich unterschied. Die Tatsache, daß beide Elternteile der KZ-Haft ausgesetzt waren, bewirkte bei den Kindern ein höheres Maß an Angst, Depressivität und Kontaktschwierigkeiten. Sie mußten auch häufiger psychotherapeutische Hilfe in Anspruch nehmen.
Eine aus Exilchilenen bestehende medizinisch-psychologische Arbeitsgruppe fand heraus, daß bei Kindern, deren Eltern in chilenischen Folterzentren deportiert wurden, schwerste psychische Probleme auftraten.[29] Diese umfaßten ein breites kinderpsychiatrisches Spektrum, von Panikreaktionen bis hin zum Wiederauftreten von Bettnässen und Einkoten. Im übrigen wurden die bei den Kindern lateinamerikanischer Folteropfer aufgetretenen psychischen Folgewirkungen auch von einer dänischen Ärztegruppe bestätigt.[30]
Es ist also deutlich geworden, daß sich das psychische Leid

vieler Folteropfer sowohl kurzfristig als auch langfristig auf deren Kinder überträgt. Es gibt also nicht nur unmittelbar, sondern auch mittelbar Gefolterte. Die Folter ist nicht gegen ein Individuum allein gerichtet. Sie beginnt, sich zu multiplizieren.

4.4. Politisch-psychologische Folterwirkungen

Die Folter hinterläßt nicht nur Spuren in der Psyche der Gefolterten und ihrer Kinder, sondern sie kerbt sich auch ein im Bewußtsein der Menschen, die zwar nicht gefoltert wurden, aber in Folterstaaten leben. Vor allem wirkt sie ein auf das politische Bewußtsein und die politische Motivation. Dieser politisch-psychologische Ausstrahlungseffekt der Folter wird in den meisten Studien über Folterwirkungen außer acht gelassen. Man lenkt den Blick zu sehr auf das Folteropfer und vergißt dabei, daß viele Menschen psychisch mitbetroffen werden.
Silvia Amati[31] hat auf den politisch-psychologischen Effekt der Tortur in ihren »Reflexionen über die Folter« besonders deutlich hingewiesen: »Ich möchte betonen, daß die Folter ebenso wie die Konzentrationslager nicht nur gegen die jeweiligen Opfer gerichtet sind, sondern gegen die gesamte Bevölkerung des betreffenden Landes. Man hört häufig, das Ziel der Folter bestehe darin, Geständnisse oder Informationen zu erpressen, aber das ist nur eine ›Rechtfertigung‹. Das eigentliche Ziel ist die Manipulation, die Einschüchterung eines ganzen Volkes durch Terror und präventive Bestrafung jeglicher Kritik und jeglichen politischen Handelns.«[32]
Wenn ein Staat die Menschenrechte systematisch und in größerem Ausmaß verletzt, indem zum Beispiel politisch Andersdenkende gefoltert oder gar eliminiert werden, so bleibt dies der Mehrheit der Staatsbürger nicht verborgen. Sie wird zwar manches, was hinter den Mauern der Folterinstitutionen geschieht, nicht wahrnehmen oder vielleicht sogar nicht wahrhaben wollen. Aber sie sieht und hört in der unmittelbaren Umwelt, daß Menschen verschwinden. Sie weiß selbst, daß man von elementaren Menschenrechten öffentlich keinen Gebrauch machen darf. Da und dort wird beobachtet und berichtet, wie aus der Folterhaft Entlassene aussehen: lebende Leichname, die physisch und psychisch kaputt sind.
Obwohl in solchen Staaten gewöhnlich keine Medien existie-

ren, die solches Unrecht massenkommunikativ verbreiten können, trägt dies die informelle Kommunikation der Menschen sehr rasch hinein in die verschiedensten gesellschaftlichen Gruppen. In der offiziellen Massenkommunikation der meisten menschenrechtsverletzenden Staaten wird natürlich immer von verfassungsmäßigen und gerechten Aktionen, Prozessen und Inhaftierungen die Rede sein.

Daß aber dennoch Informationen über Geschehnisse in den Folterinstitutionen im Volk kursieren, dürfte den Machthabenden aus massenpsychologischen Gründen nicht ungelegen kommen. Denn das Wissen um die Konsequenzen des Andersseins und Andersdenkens beschleunigt die Produktion von Untertanen. Das Risiko, elementare Menschenrechte wahrzunehmen und zu artikulieren, wird von immer mehr Menschen als zu gefährlich erkannt. Es wird eine Spirale in Bewegung gesetzt, die dazu führt, daß die einen immer apathischer, indifferenter und resignativer werden und die anderen gar so viel Angst entwickeln, daß sie sich mit den Repräsentanten des Unrechts identifizieren. In der Psychoanalyse heißt dieser Abwehrmechanismus Identifikation mit dem Aggressor.

Die körperlichen und geistig-seelischen Leiden der Folteropfer werden zum Aversionssymbol, das politische Motivation, politisches Denken und erst recht politisches Handeln hemmt und unmöglich macht. Dadurch erreicht der Folterstaat zwar keine Massenloyalität, aber er bewirkt eine sich massenhaft verbreitende Lähmung des Menschenrechtsbewußtseins.

Diese massenpsychologische Strategie kann den Menschenrechtsverletzern einen langen Machterhalt sichern. Denn eine systematische Ausübung des Folterterrors zeitigt nicht nur aktuelle politische Konsequenzen, sondern beeinflußt auch die politische Sozialisation. Das heißt, daß die einmal bewirkten Veränderungen des politischen Denkens und der politischen Motivation den Heranwachsenden in formellen und informellen Lernprozessen weitervermittelt werden. Hat ein Folterstaat diesen Wirkungsradius erreicht, so ist eine lange Gewaltherrschaft sehr wahrscheinlich.

5. Konsequenzen

Was in den vorhergehenden Kapiteln über die psychischen Aspekte der Folter gesagt worden ist, soll nicht bloß zur Schließung einer Informationslücke dienen. Darüber hinaus sollte auch darüber reflektiert werden, was aus der Sichtweise der Menschenrechtsbewegung gegen die Folter und hier vor allem gegen die Psychofolter getan werden kann.
Gerade in einer Zeitphase, in der die physische Folter durch die psychische Folter immer häufiger ergänzt oder ersetzt wird, muß diesem Prozeß durch die Herstellung einer weltweiten Öffentlichkeit entgegengewirkt werden. Zum einen kann dies durch Anti-Folter-Kampagnen geschehen, wie sie von amnesty international seit 1972 durchgeführt werden. Die Kampagne zur Abschaffung der Folter (Campaign for the Abolition of Torture – CAT) hat dazu geführt, daß die aus vielen Ländern berichteten Menschenrechtsverletzungen ein hohes Maß an Öffentlichkeit und Kritik erreicht haben. Die im Gefolge der Anti-Folter-Kampagne entstandenen Protestaktionen scheinen gewisse Wirkungen gezeitigt zu haben. So konstatieren Sidney Bloch und Peter Reddaway als Kenner der sowjetischen Strafpsychiatrie: »Seit 1971 ist ein Kausalzusammenhang zwischen scharfen westlichen Protesten und Entlassungen oder Haftverkürzungen für bestimmte Kategorien von Dissidenten deutlich sichtbar.«[1]
Andererseits darf die Anti-Folter-Kampagne nicht nur in der allgemeinen nationalen und internationalen Öffentlichkeit durchgeführt werden. Sie muß auch in jene Wissenschaften und Berufsgruppen hineingetragen werden, deren Erkenntnisse, Methoden und Mitglieder da und dort auf der Welt zum Foltern mißbraucht werden. Was die Psychofolter anbelangt, sind insbesondere Psychologen und Psychiater aufgerufen, sich in der nationalen und internationalen fachinternen Öffentlichkeit für die Sache der Menschenrechte einzusetzen. Erste Schritte hierzu sind bereits unternommen worden.
Auf dem 21. Internationalen Psychologiekongreß, der 1976 in Paris stattfand, konnte die Exilchilenin und Psychologin Anna

Vasquez über die psychologisch-psychiatrische Folter in Chile berichten. Ihre Ausführungen waren unter anderem Anlaß dafür, daß ethische Richtlinien in einer Resolution verabschiedet wurden.[2] Die internationale Gemeinschaft der Psychologen wurde aufgefordert, »jede Form der Mitarbeit von Psychologen zu verurteilen und öffentlich zu brandmarken, die den ethischen Prinzipien und jeder Moral widersprechen«.

Der Mißbrauch der Psychiatrie wurde zum Diskussionsthema auf dem 4. Kongreß des Weltverbandes für Psychiatrie, der 1977 in Honolulu stattfand.[3] In Anspielung auf die politisch-psychiatrischen Inhaftierungen in der Sowjetunion und in Südafrika wurde ebenfalls eine ethische Richtlinien enthaltende Resolution verabschiedet.

Am 10. und 11. März 1978 trafen sich in Athen über 100 Ärzte aus vier Erdteilen.[4] Veranstalter war das 1977 gegründete medizinische Beratergremium von amnesty international. Die Teilnehmer forderten 17 namentlich bekannte Ärzte und Psychiater brieflich auf, sich zu Foltervorwürfen zu äußern. Die Weltgesundheitsorganisation WHO wurde darüber hinaus aufgefordert, ethische Richtlinien zu erlassen, mit denen man *white-collar*-Folterer disziplinieren kann.

Neben der internationalen fachinternen Öffentlichkeitsarbeit begannen Mediziner und Psychologen auch mit der konkreten Menschenrechtsarbeit. Es gibt inzwischen in einigen nationalen Sektionen von amnesty international medizinisch-psychologische Arbeitsgruppen. Am meisten Erfahrung und Resultate kann die dänische Arbeitsgruppe vorweisen. In der deutschen Sektion von amnesty international wurde eine medizinisch-psychologische Arbeitsgruppe erst im März 1979 gegründet.[5] Die verschiedenen nationalen medizinisch-psychologischen Arbeitsgruppen befassen sich mit folgenden Aufgaben:

- Briefaktionen für von der Folter bedrohte oder gefolterte Kollegen in aller Welt;
- Briefaktionen, in denen gegen die Beteiligung von Ärzten und Psychologen an Folterungen protestiert wird;
- Beratung und Therapie von Folteropfern in den Exilländern;
- Dokumentation und Aufklärung über den Mißbrauch von Psychologie und Medizin zu politischen Zwecken;
- medizinisch-psychologische Forschung, um Methoden zum Beweis von Folterbeschuldigungen zu entwickeln;

- Beteiligung an ai-Missionen zur Untersuchung von Foltervorwürfen;
- Kontakte zu Berufsorganisationen, mit dem Ziel, diese an Anti-Folter-Aktionen zu beteiligen;
- Reflexion der Frage, warum der Mensch foltert und wie dem z. B. durch Menschenrechtserziehung vorgebeugt werden kann.

Eine ganz besonders schwierige und von ai-Arbeitsgruppen kaum zu lösende Aufgabe ist die medizinisch-psychologische Beratung und Therapie von Folteropfern. Die Symptomatik der Folterfolgen erfordert ganz spezielle diagnostische und therapeutische Fertigkeiten und Leistungen, die eigentlich nur von Spezialisten und Spezialinstitutionen erbracht werden könnten. Hinzu kommt die Schwierigkeit, daß die behandelnden Psychologen und Mediziner die Heimatsprache der Flüchtlinge beherrschen müßten.

Es gibt momentan fast keine klinischen Institutionen, die auf die psychotherapeutische Betreuung von Folteropfern spezialisiert sind. Eine rein medikamentöse Behandlung der psychischen Folterfolgen ist oft die einzige Möglichkeit. Doch diese konventionelle Methode trägt zur Aufarbeitung der Foltererlebnisse kaum bei.

Zu den wenigen Ausnahmen zählen drei Institutionen, in denen Folteropfer psychotherapeutisch betreut werden können. Zum einen ist dies ein an der Universität Leiden, Holland, eingerichtetes Sonderinstitut zur Behandlung von Spätfolgen der KZ-Haft, des Krieges, von Widerstand und Unterdrückung. Es wurde von dem Psychiatrieprofessor Jan Bastiaans[6] gegründet. Dieser sähe es lieber, wenn die Folteropfer in normalen psychosozialen Einrichtungen behandelt werden könnten. »Doch die meisten Dienststellen verfügen nicht über genügend Leute mit der notwendigen Erfahrung.«[7]

Eine zweite therapeutische Institution zur Betreuung von Folteropfern existiert an der katholischen Universität Leuven, Belgien.[8] Sie wird geleitet von dem exilchilenischen Psychiater Jorge Barudy. Betreut werden dort ausschließlich lateinamerikanische Flüchtlinge. Die psychotherapeutische Arbeit ist so ausgerichtet, daß nicht nur die psychischen Probleme der Folteropfer angegangen werden, sondern ihnen auch geholfen wird, ihre nationale, kulturelle und politische Identität zu erhalten bzw. wiederherzustellen.

Seit Dezember 1978 gibt es auch in der Bundesrepublik

Deutschland ein Therapiezentrum für lateinamerikanische Flüchtlinge. Es befindet sich in Frankfurt, wird vom Diakonischen Werk getragen und von drei chilenischen Psychologen geleitet. Dort werden sowohl Erwachsene als auch Kinder psychosozial beraten und betreut.[9]

Aufgrund des eklatanten Defizits an psychotherapeutischer Betreuung von Folteropfern sind die Aufnahmeländer dringend aufgefordert, durch die Einrichtung entsprechender Institutionen der psychosozialen Not politischer Flüchtlinge abzuhelfen. Materielle Flüchtlingshilfe reicht bei weitem nicht aus.

Obwohl der Kampf gegen die Folter im allgemeinen und gegen die Psycho-Folter im besonderen mit konkreter Öffentlichkeits- und Menschenrechtsarbeit geführt werden muß, sollte letztlich auch über die düstere Gegenwart hinausgeschaut werden. Zu fragen und zu erforschen ist, wie der Mensch erzogen werden kann, daß er von der Folter abläßt. Es wäre an der Zeit, das, was in den internationalen Menschenrechtskonventionen und Erklärungen geschrieben steht, in praktische Pädagogik umzusetzen. Eine weltweit initiierte Menschenrechtserziehung wäre ein wichtiger Beitrag zur Friedenserziehung. Sie würde menschenrechtsverletzendes Gewaltverhalten entscheidend abbauen helfen. Menschenrechtserziehung wäre ein wichtiges Pendant zur Menschenrechtsarbeit, da diese letzten Endes darauf beschränkt bleibt, Menschenrechtsopfer zu kurieren, Menschenrechtsverletzungen aber kaum vorbeugen kann. Es ist deshalb zu begrüßen, daß die Deutsche Sektion von amnesty international ein Projekt zur Menschenrechtserziehung begonnen hat.

»Mit dem Projekt ›Menschenrechtserziehung‹ wird der Versuch unternommen, auf pädagogischem Wege Achtung vor den Menschenrechten zu wecken und die Bereitschaft zu stärken, sich für die Verwirklichung der Menschenrechte einzusetzen. Die zeitlich befristete Initiative sieht ihren Hauptansatzpunkt im Schulwesen, sie verfolgt das Ziel, den Problemkreis Menschenrechte und Menschenrechtsverletzungen als einen obligatorischen Themenkreis in den Politikunterricht einzuführen.«[10]

6. Dokumente

6.1. Aktuelles über Psychofolter und psychische Folterfolgen

Politischer Gefangener in psychiatrischer Klinik

Ein 27jähriger jugoslawischer Journalist ist seit Februar 1979 wegen der gewaltlosen Ausübung seiner Menschenrechte in einer psychiatrischen Klinik in Belgrad in Haft.
Mitte 1978 hatte Vladimir *Markovic* ein Rundschreiben an eine Reihe von Leuten und Institutionen innerhalb und außerhalb Jugoslawiens verschickt, in dem er Auszüge aus Interviews, die er mit bekannten jugoslawischen Dissidenten gemacht hatte, zitierte. So zitierte er den bedeutenden Historiker und Alt-Partisanen Dr. Tudjman, der – obwohl er die Kriegsverbrechen, die im 2. Weltkrieg in Kroatien verübt worden waren, verurteilte – behauptet hatte, daß die Zahlen in den offiziellen jugoslawischen Statistiken über Kriegsverbrechen übertrieben waren.
Auf die Veröffentlichung des Rundschreibens in einer kroatischen Emigranten-Zeitschrift im August 1978 hin wurde eine Untersuchung gegen Vladimir Markovic eingeleitet. Auf Veranlassung des Untersuchungsrichters wurde er zur psychiatrischen Untersuchung ins Belgrader Polizeigefängnis gebracht, wo man eine paranoide Psychose diagnostizierte und ihn für eine zwangsweise psychiatrische Behandlung vorschlug.
Im Prozeß wurde Vladimir Markovic dann zur Zwangseinweisung in eine psychiatrische Klinik nach Artikel 63 des jugoslawischen Strafgesetzbuches mit der Begründung verurteilt, daß mit einer Wiederholung der Straftat zu rechnen sei. Nach Artikel 63 kann nur derjenige zu zwangsweiser psychiatrischer Behandlung und Unterbringung verurteilt werden, der eine Gefahr für seine Umgebung darstellt. Obwohl Vladimir Markovic in der Vergangenheit ambulant psychiatrisch behandelt

wurde, läßt ein Studium der Prozeßakten und Unterlagen nicht den Schluß zu, daß er sich selbst oder anderen gefährlich werden könnte.
Quelle: ai-informationen 3/80

Folteropfer im uruguayischen Libertad-Gefängnis in Lebensgefahr

Wie es heißt, ist in Uruguays Hauptgefängnis für politische Gefangene, dem *Penal de Libertad* in San José, ein Plan in Vorbereitung, der einen Vorwand für die Liquidierung politischer Gefangener liefern soll; es werden von dort verstärkte Folterungen und Mißhandlungen gemeldet.
In Briefen von Angehörigen der Gefangenen an ai war schon früher von planmäßigem Prügeln, Schein-Exekutionen, sog. »Notfall-Übungen«, die die Gefangenen nervlich zerrütten sollten, anti-semitischen Beschimpfungen und Todesdrohungen von seiten der Wachmannschaften die Rede, besonders in bezug auf die Gefangenen des 2. Stockwerks, die unter schärfsten Sicherheitsbestimmungen die längsten Strafen verbüßen müssen.
Neuere Berichte deuten jedoch auf anlaufende Vorbereitungen für einen sog. *»Plan Attica«* hin – so genannt nach den blutigen Unruhen von 1971 im Attica-Gefängnis im Staate New York. Wie es heißt, sieht ein Trainingsprogramm für die Wachmannschaften einen Drei-Stufen-Plan vor. In der ersten Stufe ist vorgesehen, Strafgefangene zu politischen Gefangenen in die Zelle zu legen, und erstere durch Bestechung dazu zu bringen, gewalttätige Auseinandersetzungen zu provozieren.
Solche Verlegungen haben nach Berichten, die ai erhalten hat, schon begonnen, und es hat auch schon die ersten Vorfälle dieser Art gegeben. Wie es heißt, sollen diese Verlegungen auch dazu dienen, die Einschleusung von Militär- und Polizeispitzeln zu tarnen, die gewisse politische Gefangene töten oder verwunden sollen.
Die zweite Stufe sieht vor, mit Hilfe von Strafgefangenen einen Aufruhr auszulösen. Darauf sollen dann Wachmannschaften und Truppen mit äußerster Schärfe gegen die politischen Gefangenen vorgehen. Die Absicht dabei ist, so viele von ihnen zu töten, daß ihre Zahl drastisch verringert würde.
Diese Vorbereitungen sollen von einer Verstärkung der Folterungen begleitet werden, wozu auch das sog. »planton« (=

Türsteher, span.) gehört, wobei Gefangene so lange unbeweglich stehen müssen, bis sie zusammenbrechen. Es heißt, daß die Zunahme der Folterungen dazu bestimmt ist, die durch die Übergriffe der Strafgefangenen ohnehin gewachsene Verbitterung der politischen Gefangenen bis zu einem Aufstand zu steigern.
Quelle: ai-informationen 3/80

Gheorghe Brasoveanu – Rumänien

Nachdem er sich an der Gründung einer inoffiziellen Gewerkschaft beteiligt hatte, wurde der 60 Jahre alte Wirtschaftswissenschaftler Gheorghe Brasoveanu im März 1979 in eine psychiatrische Klinik eingewiesen. Es war für ihn die fünfte Einweisung. Die vier zurückliegenden Inhaftierungen in psychiatrischen Krankenhäusern, die zum Teil für mehrere Monate ausgesprochen wurden, folgten seiner Kritik an den Beziehungen zwischen Staat und Kirche in Rumänien.
Nach ai vorliegenden Informationen soll Brasoveanus Ehefrau am 7. März vergangenen Jahres in das Hauptquartier der Staatssicherheit in Bukarest gebracht worden sein, nachdem ein ausländischer Sender die Gründungserklärung der Freien Gewerkschaft rumänischer Arbeiter verlesen hat, an der Brasoveanu und 20 weitere Intellektuelle und Arbeiter beteiligt waren.
Brasoveanus Frau hat dann berichtet, daß sie dazu überredet worden war, eine Erklärung zu unterschreiben, daß ihr Mann krank sei. Dies bedeutete, daß er für einige Zeit in eine psychiatrische Klinik eingewiesen würde, statt zu einer langen Haftstrafe verurteilt zu werden. Am 10. März ist Brasoveanu verhaftet und in die Batistei-Poliklinik in Bukarest als »gefährlich Kranker« eingeliefert worden. Später wurde er in die psychiatrische Abteilung des Jilava-Gefängniskrankenhauses verlegt, wo schon in den vergangenen Jahren politische Gefangene inhaftiert waren.
Bislang ist weder bekannt geworden, ob er vor Gericht gestellt worden ist oder noch immer in einer psychiatrischen Klinik festgehalten wird. Auch liegen ai keine Informationen über seinen gegenwärtigen Haftort vor. Wahrscheinlich sind darüber auch die Familienangehörigen Brasoveanus nicht unterrichtet worden. Aufgrund der Informationen, über die ai verfügt, gibt es keinen Grund, Gheorghe Brasoveanu als »gefährlich krank« zu betrachten.
Quelle: ai-informationen 4/80

UdSSR – Menschenrechtsaktivist erneut in psychiatrische Klinik eingewiesen

Arvidas *Chekhanavichius,* ein 31jähriger Menschenrechtler aus Litauen, wurde am 9. November 1979 zum dritten Mal verhaftet und wiederum zwangsweise in eine psychiatrische Spezialklinik eingewiesen – schärfste Form von Internierung in psychiatrischen Anstalten in der Sowjetunion.
Arvidas Chekhanavichius wurde erstmals 1973 in Kaunas (Litauen) verhaftet, nachdem bei einer Hausdurchsuchung Gedichte und Tonbandaufzeichnungen ausländischer Radiosendungen bei ihm beschlagnahmt worden waren. Angeklagt wegen »antisowjetischer Agitation und Propaganda«, wurde er einer psychiatrischen Untersuchung unterzogen; die Diagnose lautete »Schizophrenie paranoider Prägung«. Er wurde dann bis zu seiner Freilassung im Januar 1979 zwangsweise sechs Jahre lang in psychiatrischen Anstalten interniert.
Am 12. Juni 1979 wurde Arvidas Chekhanavichius wieder in eine psychiatrische Anstalt eingewiesen, offenbar weil er einen Bericht über seine vorangegangene Internierung an die inoffizielle »Arbeitskommission zur Aufklärung über die Anwendung der Psychiatrie für politische Zwecke in der UdSSR« (mit Sitz in Moskau) gesandt hatte.
Während seiner Internierung, welche bis August 1979 dauerte, wurden ihm zwangsweise starke Psychopharmaka verabreicht.
Arvidas Chekhanavichius wurde erneut am 9. November verhaftet, angeblich weil er mehrere Jahre zuvor illegal ein Telephon in seiner Wohnung installiert hatte.
Er wurde erneut einer psychiatrischen Untersuchung unterzogen und als geisteskrank und »gemeingefährlich« eingestuft. Am 4. Januar 1980 ordnete ein Gerichtshof seine zwangsweise Einlieferung in eine psychiatrische Spezialklinik an. Berichten zufolge wurde er in die Psychiatrische Spezialklinik Chernyakhovsk in Kazan eingewiesen.
Nach Ansicht von ai wurde Arvidas Chekhanavichius aus politischen Gründen, nicht aus wirklich medizinischen, in einer psychiatrischen Anstalt interniert und es besteht die Gefahr, daß er mit Medikamenten behandelt wird, die starke Schmerzen hervorrufen und seine Gesundheit gefährden.
Quelle: ai-informationen 6/80

»*Wahrheitsdroge*«

Dr. Samuel *Nkulila,* Chefpsychiater am Bugando Hill-Krankenhaus in Mwanza, hat vor Gericht ausgesagt, daß er auf Bitten eines Sicherheitsoffiziers während der Verhöre zwei männlichen und einem weiblichen Gefangenen 1,5 ccm Methedrine (eine sog. »Wahrheitsdroge«) verabreicht hat.
Befragt über den ethischen Wert dieser Handlung, meinte der Arzt:
»Ich hielt das für korrekt, weil es die Wirkung der Folter verringern helfen würde... Ich dachte, es wäre für mich in Ordnung, diese Methode anzuwenden. Es war wissenschaftlich zuverlässig und ist von Experten als sicher erprobt worden. Ich habe das alles getan, um die Kommunikation zwischen den Verhöroffizieren und diesen Leuten zu erleichtern.« (aus: »Tanzania Daily News« vom 18. 6. 80)
Dr. Nkulila untersuchte die Gefangenen, bevor er ihnen die Droge spritzte. Das Verhör begann in seiner Gegenwart, in einem Fall allerdings, bei dem Gefangenen Masanga Mazegenuka, »der sich noch immer weigerte zu sprechen«, setzte es sich ohne ihn fort. Der Mann starb einige Stunden später. Nach Angaben Dr. Nkulilas ergab die Autopsie der Leiche des Gefangenen, daß das Opfer an Unterernährung gestorben sei. Allerdings sei der Autopsiebericht verschwunden.
Medizinische Berater von amnesty international haben den tansanischen Gesundheitsminister, Dr. Leader *Stirling,* und den Direktor des tansanischen Nationalen Komitees für geistige Gesundheit, Dr. W. *Ntuyabaliwe,* aufgefordert, die Einhaltung der »World Medical Association«-Richtlinien (»Welt-Mediziner-Vereinigung«) zu beachten, die sich auf die Teilnahme von Ärzten bei Folterungen beziehen.
Quelle: ai-informationen 10/80

Israel – ai veröffentlicht Missionsbericht über Haftbedingungen in den besetzten Gebieten

Am 2. September veröffentlichte das Internationale Sekretariat von ai in London den Bericht über eine Mission in die von Israel besetzten Gebiete. Ein detailliertes Memorandum war bereits im Oktober 1979 der israelischen Regierung zugegangen. Wir veröffentlichen hierzu im Wortlaut die Presseerklärung der deutschen Sektion:

In einem am 2. September 1980 veröffentlichten Bericht über Inhaftierungsverfahren (»Verwaltungshaft«) in den besetzten Gebieten Israels (West-Bank, Gazastreifen und Golan-Höhen) äußert amnesty international (ai) ihre tiefe Besorgnis über die zahlreichen Mißhandlungsvorwürfe von Personen, die unter dem Verdacht der Verletzung von Sicherheitsbestimmungen verhaftet wurden. Der Bericht beruht auf Erkenntnissen einer ai-Delegation, die im Juni vergangenen Jahres Israel besucht hat und dabei mit Regierungsvertretern, Anwälten, Journalisten und ehemaligen Häftlingen zusammentraf. Dabei ist ai zu dem Ergebnis gekommen, daß es einer grundsätzlichen Änderung der rechtlichen und administrativen Verfahrensweise bedarf, nach der Personen, die eines Vergehens gegen die Sicherheit des Staates verdächtigt werden, vom Zeitpunkt ihrer Verhaftung bis zu ihrer Freilassung oder der Eröffnung eines Gerichtsverfahrens festgehalten werden. Nach Ansicht von ai werden solche Verdächtigte unangemessen lange inhaftiert, ohne die Möglichkeit zu haben, Anwälte oder Angehörige zu sprechen oder einen unabhängigen Arzt ihrer Wahl hinzuzuziehen. Untersuchungen von Gefängnisärzten haben in der Regel den Anschuldigungen über Mißhandlungen widersprochen, die vor allem in den ersten Tagen unmittelbar nach der Verhaftung zur Erpressung von Geständnissen vorkommen sollen. Solche Geständnisse sind nicht selten die einzige Grundlage für eine spätere Verurteilung des Häftlings. Rechtsanwälte haben ai gegenüber angegeben, daß ihnen die Anklageschriften erst kurz vor der Eröffnung des Verfahrens, häufig am gleichen Tag, zugegangen sind. Die Angeklagten haben keine Gelegenheit, mit ihrem Verteidiger zu sprechen, bevor sie ein Geständnis abgelegt haben.

amnesty international hat die israelische Regierung aufgefordert, eine öffentliche und unabhängige Untersuchung der Mißhandlungsvorwürfe einzuleiten. Nach Meinung von ai haben die israelischen Behörden den Beschwerden über brutales Vorgehen nicht überzeugend entgegentreten können. Die Formen der Mißhandlungen, die ai während ihrer Mission in Israel bekanntgeworden sind, beinhalten das Ziehen an den Haaren, schwere Stockschläge, erzwungenes fortgesetztes Stehen über längere Zeit (bis 48 Stunden), Schlaf- und Nahrungsentzug, das Anketten an Rohre oder Leitungen, erzwungenes Trinken von Salzwasser, Duschen mit eiskaltem Wasser, die Bedrohung mit Vergewaltigung oder Tod sowie das Verbrennen mit Zigaretten.

ai weist in dem Bericht auch darauf hin, daß es in Israel geheime Verhörzentren gibt, in denen Gefangene für längere Zeit »verschwinden« können. So wurden die beiden Deutschen Brigitte Schulz und Thomas Reuter 14 Monate lang (vom Januar 1976 bis März 1977) in einem geheimen Haftzentrum festgehalten. Während dieser Zeit wurden trotz intensiver Nachfragen weder die Angehörigen noch die Deutsche Botschaft in Israel über die Verhaftung und den Haftort informiert.
In einer Antwort der israelischen Regierung vom 31. Dezember 1979 hat es Generalstaatsanwalt Ytzhak Zamir kategorisch abgelehnt, eine Untersuchung der Mißhandlungsvorwürfe einzuleiten oder die Beschränkung der Individualrechte von Gefangenen in den besetzten Gebieten aufzuheben.
Quelle: ai-Informationen 11/80

Argentinien – Haftbedingungen verschlimmert

Haftbedingungen für politische Gefangene in Argentinien sollen schlechter geworden sein. Dies hat ai von drei Männern erfahren, die in den letzten Monaten Selbstmord verübt haben, womit die Zahl der Selbstmorde unter politischen Gefangenen seit Oktober 1979 auf fünf angestiegen ist.
- Am 19. August 1980 erhängte sich Robert *Cominatto,* ein politischer Gefangener in »Verwaltungshaft«, im La-Plata-Gefängnis, nachdem er einen Monat in einer besonderen Strafzelle verbracht hatte.
- Gabriel Francisco *De Benetti* verübte am 20. Juni Selbstmord im Rawson-Gefängnis in der südlichen Provinz Chubut, nachdem er sieben Jahre einer 23jährigen Freiheitsstrafe abgesessen hatte.
- Eduardo José *Schiavone* erhängt sich am 10. Juli im Caseros-Gefängnis von Buenos Aires; er war zu vier Jahren verurteilt, aber bereits sieben Jahre im Gefängnis gewesen.

In den frühen Morgenstunden des 9. Juli 1980 wurde den Gefangenen des Block 16 im Caseros-Gefängnis befohlen, ihre Zellen zu verlassen, sie wurden gezwungen, nackt, mit den Händen auf dem Rücken, zu rennen. Wer fiel, wurde geschlagen und dann für mindestens 30 Tage in die Strafzelle gesteckt.
Während dieser Zeit waren Besuche oder Zeitungen nicht

erlaubt. Die Nahrung war armselig und man gab den Gefangenen jede Nacht nur eine Decke – mitten im argentinischen Winter.
Ebenfalls am 9. Juli wurde eine Anzahl von Gefangenen vom Rawson- zum Caseros-Gefängnis mit Militärflugzeugen befördert. Sie wurden während der Reise in Ketten gelegt und gezwungen, sich mit dem Kopf zwischen den Knien hinzukauern. Sie sollen ständig geschlagen worden sein. Nach der Landung wurden ihnen die Augen verbunden und einige angeblich an den Haaren ins Gefängnis geschleift.
ai ist besorgt über die langen Haftzeiten in einer Anzahl von Gefängnissen, besonders dem Caseros-Gefängnis, die die psychische und physische Gesundheit der Inhaftierten angreift.
Verwandte von Gefangenen geben an, daß das System im Caseros-Gefängnis dazu zu dienen scheint, die Spannung und Unsicherheit unter den Insassen zu steigern.
Unter den Gefangenen, die sich in schlechter psychischer Verfassung befinden, sind Carlos *Echegoy* (der sich am selben Tage, als Eduardo *Schiavone* Selbstmord beging, die Pulsadern aufschnitt), Eduardo *Fotti,* Argentino *Cabral,* Ricardo Enrique *Kacjmahor,* Tiburcio *Padilla,* Horacio Valentin *Volpe,* Luis *Noccetto* und Carlos Alberto *Sanjuesa.*
Quelle: ai-informationen 11/80

Argentinien – 14 ehemalige Gefangene untersucht ai-Ärzteteam veröffentlicht Folterstudie

Ein Ärzteteam von amnesty international hat in Kopenhagen einen medizinischen Untersuchungsbericht über 14 ehemalige politische Häftlinge veröffentlicht, die in argentinischen Gefängnissen gefoltert worden sind und heute in Dänemark leben.
Wie aus dem Bericht hervorgeht, leiden alle untersuchten Personen auch heute noch an psychischen Störungen, die auf die erlittenen Mißhandlungen zurückzuführen sind.
Bei einigen der Gefolterten sind überdies körperliche Gebrechen zurückgeblieben. Unter den festgestellten Foltermethoden finden sich Schläge und Fußtritte, Verbrennungen, Eintauchen ins Wasser beinahe bis zum Erstickungstod, Strangulationen, Elektroschocks, sexuelle Mißbräuche und Scheinhinrichtungen.

Bei einem 30 Jahre alten Lehrer, der 1976 in Neuquen, Argentinien, verhaftet worden war und später aussagte, daß er geschlagen worden sei, wiederholt Elektroschocks in Hals und Mund erhalten habe und fast erstickt sei, wurden fortschreitender Gehörverlust, schmerzhafte Magenleiden und verschiedene Nervenleiden festgestellt. Bei einer 1976 in Buenos Aires verhafteten 31jährigen Mutter von zwei Kindern wurden Herz- und Atmungsbeschwerden vorgefunden. Sie gab an, mit verbundenen Augen auf ein Metallbett geschnallt worden zu sein, wo Elektroden an ihren Schläfen und an anderen empfindlichen Körperteilen befestigt wurden.
Die Elektroden an den Schläfen lähmten den Mund in halboffener Verzerrung. Aufgrund dieser zeitweiligen Lähmung war sie unfähig zu schreien oder zu atmen; sie meinte zu ersticken und glaubte zu sterben.
Die veröffentlichte Studie stellt die bisher umfassendste Untersuchung von Folteropfern dar. Die beteiligten Ärzte haben nach eigenen Angaben selbst entwickelte Forschungsmethoden angewendet. Bei allen Opfern seien die wichtigsten Organsysteme untersucht sowie anfällige psychische Störungen abgeklärt worden. Die Ergebnisse sollen dazu dienen, weltweit bessere Techniken zur Behandlung und Rehabilitierung von Folteropfern zu entwickeln. Bei Veröffentlichung des Untersuchungsberichts wies der medizinische Berater von amnesty international, Dr. Rasmussen, auf die weitverbreitete Ansicht hin, bei der Folter handle es sich um einen »kurzen, brutalen Angriff« auf einen Gefangenen. »Der Schrecken«, so meinte er, »hat aber einen dauernden Effekt. Die bei den argentinischen Folteropfern vorgefundenen langfristigen Auswirkungen sind jenen ähnlich, die man bei Überlebenden aus Konzentrationslagern festgestellt hat.«
Quelle: ai-informationen 12/80

Psychofolter in Uruguay

Die Ko-Gruppe Uruguay und das Internationale Sekretariat in London berichten, daß die Haftbedingungen in dem Gefängnis »Libertad« in St. Lopez nicht den Standard-Minimum-Regeln der UNO für die Behandlung von Gefangenen entsprechen.
Die sehr konkreten und detaillierten Aussagen eines ehemaligen Gefangenen des Libertad-Gefängnisses besagen, daß eine Vielzahl von Gefangenen unter schweren psychischen und

physischen Krankheiten und Störungen leidet. Dabei gibt es langandauernde Fälle von Delirium mit Gedächtnisschwund, von akuter und wiederholter Depression mit Tendenz oder Versuch von Selbstmord, deutliche Psychosen mit Bewußtseinsverlust und schwere Verhaltensstörungen. Es handelt sich dabei um Gefangene des 2. Stocks des Libertad-Gefängnisses. 100 von 153 Insassen sind krank, davon 55 ernsthaft psychisch oder physisch krank.
Im 2. Stock sind die sogenannten »gefährlichen« Gefangenen inhaftiert, darunter auch Gewissensgefangene, die von amnesty international adoptiert sind.
Auch wenn es sich in der Mehrzahl nicht um Gewissensgefangene handelt, so müssen wir in diesen Fällen aktiv werden, da die Gefangenen nach den vorliegenden Informationen planmäßig durch unmenschliche, erniedrigende Behandlung und Psychofolter »liquidiert« werden. Psychosen, Selbstmord und Tod werden angeblich mit System herbeigeführt.
Dabei soll der Gefängnispsychologe Britos eine unheilvolle Rolle spielen, wie ein ehemaliger Insasse des »Libertad« uns berichtet hat. Seine Aufgabe ist es anscheinend, die Gefangenen zugrunde zu richten. Er ist seit 1972 im Gefängnis angestellt, während z. B. die Gefängnisdirektoren alle anderthalb Jahre abgelöst werden. Er soll die einflußreichste Person im »Libertad« sein und hat offenbar mehr Einfluß und Autorität als die Direktion und die anderen Militärs.
Wie Britos seine Aufgabe wahrnimmt, zeigt der folgende Bericht über ein Interview mit dem ehemaligen Insassen des »Libertad«. Dessen Glaubwürdigkeit ist unzweifelhaft. Nach mehrjähriger Öffentlichkeitsarbeit, vor allem von Gesamtschulen in NRW, die einige deutsche Politiker veranlaßte, bei der Regierung in Uruguay zu intervenieren, kam er schließlich Ende 1980 frei.
Im Bericht über das Interview heißt es u. a.: »Bei Britos laufen die Fäden zusammen. Ihm stehen die Aufzeichnungen aller Gespräche zwischen den Gefangenen und ihren Besuchern zur Verfügung. Diese Gespräche werden genau auf Probleme der Gefangenen und ihrer Familien analysiert, Schwachpunkte werden sichtbar gemacht. Die Gefangenen werden mit Vorliebe dann zum Gespräch mit Britos gerufen, wenn sie besonders depressiv und niedergeschlagen sind.
Das Zimmer von Britos ist sehr freundlich eingerichtet, ohne Gitter am Fenster: ›Der einzige Raum, in dem man nicht das

Gefühl hat, im Gefängnis zu sein.‹ Britos spricht dann in freundlicher und väterlicher Weise, aber auch allwissend, mit den Gefangenen über ihre Probleme.
Kurz nach einem solchen Gespräch setzen dann die Sanktionen ein: Repressalien und Schikanen, die dazu dienen, den Gefangenen im Zentrum seiner Person zu treffen. Diese Sanktionen sind keine Strafen für Vergehen, sondern unberechenbar und der systematische Versuch, Personen durch ständige Stiche zu zerstören. Daß Britos dahintersteht, ergibt sich für den Interviewten daraus, daß er allein weiß, was die jeweilige Person so besonders trifft.
Wenn eine neue, bisher ungebräuchliche Form der Repressalie auftauchte, dann ist sie immer ganz genau auf die Person des jeweiligen Gefangenen und auf dessen Probleme gemünzt.«
Der Interviewte erlebte folgendes: Nachdem seine Familie Uruguay verlassen hatte, hatte er nur noch zwei Verwandte, die ihn besuchten, darunter auch seine über 60jährige Schwägerin. 1980 wurde sie dann dreimal vorgeladen, und dabei wurden ihr Aussagen vorgehalten, die 1978 während ihrer Besuche bei ihm gefallen sind. Dadurch wurde die Frau so eingeschüchtert, daß sie weitere Besuche unterließ, aber zugleich sehr darunter litt, ihren Schwager im Stich zu lassen. Für diesen war das Ausbleiben der Besuche in der Tat äußerst schmerzhaft und unverständlich. Der Interviewte unterstreicht, daß die Vorladungen als Mittel der Einschüchterung erst dann eingesetzt wurden, als sich zeigte, daß sich zwischen ihm und der Schwägerin eine so enge persönliche Beziehung hergestellt hatte, daß ein Ausbleiben der Besuche ihn genug verletzen konnte.
»Typisch für das Leben im Gefängnis ist die Unberechenbarkeit und Unsicherheit des Lebens. Es gibt keine Regeln, an die man sich halten kann. Man weiß nie, was einen erwartet: äußerste Strenge, Zynismus und Quälerei wechseln unmotiviert ohne erkennbaren Grund mit Phasen relativer Freundlichkeit ab, die ebenso unmotiviert wieder in Quälerei übergehen.«
Das eine Mal kann es geschehen, daß der Gefangene, der sich beim Hofgang mit einem anderen Gefangenen unterhält (was beim Hofgang erlaubt ist) und diesen dabei ansieht, mit erniedrigender Behandlung und körperlicher Züchtigung bestraft wird; ein anderes Mal wird dies toleriert, und er wird durchaus freundlich behandelt, wenn er nicht die sonst vorgeschriebenen Vorschriften für Körperhaltung genauestens befolgt, wie z. B.

einander nicht ansehen, den Kopf in Demutshaltung gesenkt halten und die Hände auf dem Rücken gefaltet halten.

Besonders geeignet, den Gefangenen Leid anzutun, berichtet der ehemalige Gefangene, sei der jährliche Besuchstag, bei dem der Gefangene bis zu drei Angehörige auf einmal ohne Trennwand für 40 Minuten sehen dürfe. Der Gefangene würde auf eine Parkbank im Freien geführt, zwei Wachen postieren sich rechts und links so hinter ihm, daß ihnen kein noch so leise gesprochenes Wort entgehen könne. »Sie achten auf jede Bewegung der Hände, damit z. B. nicht doch noch etwas übergeben werden kann. Die vorher gründlich gefilzten Besucher dürfen sich dann auch auf die Parkbank setzen, die so postiert ist, daß das Gespräch und alle Bewegungen des Gefangenen und seiner Besucher vom Haus aus noch gefilmt werden können. Dieses ganze Reglement erzeuge soviel Spannung und Befangenheit, daß die Gefangenen, die sich ein ganzes Jahr auf diesen Tag gefreut haben, hinterher völlig frustriert und enttäuscht seien. Potenziert würde diese Spannung noch dadurch, daß der Gefangene zumeist lange Zeit im unklaren darüber gehalten würde, ob und wann er Besuch empfangen dürfe. Er erführe die Tatsache erst sehr kurzfristig einige Tage vorher.

Die Schikanen mit dem Besuch seien im selben Zusammenhang zu sehen wie die unendlich schwierigen Vorschriften für den Empfang von Paketen. Daneben gebe es Sprechverbot, Bewegungsbeschränkungen, Vorschriften für die Körperhaltung u. a. mehr. All das diene u. a. dazu, die Familie zu zermürben, so daß sie den Kontakt mit dem Gefangenen schließlich aufgebe. »Mehr als fünf Jahre machen das nur wenige mit.« Die Folge: die Familie zerfalle, der Gefangene verlöre seinen letzten Rückhalt.

Quelle: Briefaktion des ai-Berufsarbeitskreises Ärzte und Psychologen. Juni 1981

6.2. Erklärung der Generalversammlung der Vereinten Nationen über den Schutz vor Folter und anderer grausamer Behandlung vom 9. 12. 1975

Artikel 1

1. Unter Folter im Sinne dieser Erklärung ist jede Handlung zu verstehen, durch die einer Person von einem Träger staatlicher Gewalt oder auf dessen Veranlassung hin vorsätzlich starke körperliche oder geistig-seelische Schmerzen oder Leiden zugefügt werden, um von ihr oder einem Dritten eine Aussage oder ein Geständnis zu erzwingen, sie für eine tatsächlich oder mutmaßlich von ihr begangene Tat zu bestrafen oder sie oder andere Personen einzuschüchtern. Nicht darunter fallen Schmerzen oder Leiden, die sich lediglich in einem mit den Mindestbestimmungen über die Behandlung von Strafgefangenen zu vereinbarenden Maß aus gesetzlich zulässigen Zwangsmaßnahmen ergeben, diesen anhaften oder als deren Nebenwirkung auftreten.
2. Die Folter ist eine verschärfte Form absichtlicher grausamer, unmenschlicher oder erniedrigender Behandlung oder Strafe.

Artikel 2

Jede Folterung oder jedwede andere grausame, unmenschliche oder erniedrigende Behandlung oder Strafe ist ein Verstoß gegen die Menschenwürde und als Verleugnung der Ziele der Charta der Vereinten Nationen sowie als Verletzung der in der Allgemeinen Erklärung der Menschenrechte verkündeten Menschenrechte und Grundfreiheiten zu verurteilen.

Artikel 3

Kein Staat darf Folter oder andere grausame unmenschliche oder erniedrigende Behandlung oder Strafe zulassen oder dulden. Außergewöhnliche Umstände wie auch immer geartete öffentliche Notstandssituationen dürfen nicht als Rechtfertigung für Folter oder andere grausame, unmenschliche oder erniedrigende Behandlung oder Strafe geltend gemacht werden.

Artikel 4

Jeder Staat trifft im Einklang mit dieser Erklärung wirksame Maßnahmen, um zu verhüten, daß es im Bereich seiner Hoheitsgewalt zu Folterungen und anderer grausamer, unmenschlicher oder erniedrigender Behandlung oder Strafe kommt.

Artikel 5

Bei der Ausbildung des Strafvollzugspersonals sowie anderer Träger staatlicher Gewalt, die für Häftlinge verantwortlich sein können, ist sicherzustellen, daß das Verbot der Folter und anderer grausamer, unmenschlicher oder erniedrigender Behandlung oder Strafe vollständig behandelt wird. Dieses Verbot ist gegebenenfalls auch in die allgemeinen Vorschriften und Anweisungen über die Pflichten und Aufgaben aller anderen Personen aufzunehmen, die unter Umständen mit der Bewachung oder Behandlung solcher Häftlinge zu tun haben.

Artikel 6

Jeder Staat unterzieht in seinem Hoheitsgebiet die Verhörmethoden und -praktiken sowie die Vorkehrungen für die Bewachung und Behandlung von Häftlingen einer regelmäßigen Überprüfung, um jeden Fall von Folterung oder anderer grausamer, unmenschlicher oder erniedrigender Behandlung oder Strafe zu verhüten.

Artikel 7

Jeder Staat stellt sicher, daß alle Folterungen im Sinne von Artikel 1 nach seinem Strafrecht als Straftaten gelten. Das gleiche gilt für Handlungen, die eine Beteiligung oder Mittäterschaft an bzw. eine Anstiftung zu einer Folterung oder den Versuch einer solchen darstellen.

Artikel 8

Wer angibt, durch einen Träger staatlicher Gewalt oder auf dessen Veranlassung einer Folter oder einer anderen grausamen, unmenschlichen oder erniedrigenden Behandlung oder Strafe unterworfen worden zu sein, hat das Recht auf Anrufung der zuständigen Behörden des betreffenden Staates und auf unparteiische Prüfung seines Falles durch dieselben.

Artikel 9

Wo immer ein hinreichender Grund zu der Annahme besteht, daß eine Folterhandlung im Sinne von Artikel 1 begangen wurde, haben die zuständigen Behörden des betreffenden Staates, auch wenn keine Klageerhebung erfolgt ist, unverzüglich eine unparteiische Untersuchung durchzuführen.

Artikel 10

Wenn sich aufgrund einer Untersuchung gemäß Artikel 8 oder Artikel 9 der Verdacht einer Folterhandlung im Sinne von Artikel 1 ergibt, wird nach nationalem Recht ein strafrechtliches Verfahren gegen den oder die mutmaßlichen Täter eingeleitet. Erhärtet sich der Verdacht anderer Formen grausamer, unmenschlicher oder erniedrigender Behandlung oder Strafe, wird ein straf- bzw. disziplinarrechtliches oder sonstiges geeignetes Verfahren gegen den oder die Tatverdächtigen eingeleitet.

Artikel 11

Ist eine Folterhandlung oder eine andere grausame, unmenschliche oder erniedrigende Behandlung oder Strafe nachweislich durch einen Angehörigen des öffentlichen Dienstes oder auf dessen Veranlassung hin erfolgt, sind dem Opfer Wiedergutmachung und Entschädigung nach nationalem Recht zu gewähren.

Artikel 12

Aussagen, die nachweislich aufgrund von Folter oder anderer grausamer, unmenschlicher oder erniedrigender Behandlung oder Strafe erfolgt sind, dürfen in keinem Verfahren als Beweis gegen die betreffende Person oder irgendeine andere Person verwandt werden.

Quelle: Auswärtiges Amt (Hg.): Menschenrechte in der Welt. Bonn 1978

6.3. Resolution des 21. Internationalen Psychologenkongresses in Paris 1976

Unter Berücksichtigung, daß es das Privileg und die Pflicht jedes Psychologen ist, Wissen und Fähigkeiten in den Dienst der Menschlichkeit zu stellen ohne Unterscheidung der Person und mit dem höchsten Respekt für die menschliche Würde, unter Betonung der wissenschaftlich akzeptierten Einheit der

Körper-Seele-Beziehung in der psychologischen Wissenschaft,
in großer Betroffenheit über Berichte, daß psychologisches Wissen und Forschung bewußt und systematisch in vielen Teilen der Welt benutzt werden, um Menschen, die ihrer Freiheit beraubt sind, körperlichen und seelischen Leiden zu unterwerfen, wie auch Personen in der Herbeiführung solcher Leiden auszubilden,
unter Bezug auf den Artikel 5 der »Allgemeinen Erklärung der Menschenrechte«, in der es heißt, daß »Niemand der Folter oder anderer grausamer, unmenschlicher oder erniedrigender Behandlung oder Bestrafung unterworfen werden solle«,
unter Bezug auf die »Erklärung über den Schutz aller Personen vor Folter und anderer grausamer Behandlung oder Strafe«, einstimmig angenommen von der Generalversammlung der Vereinten Nationen am 9. Dezember 1975,
besonders betroffen als Personen, die sich für das Studium menschlichen Verhaltens mit dem Ziel entschieden haben, sich für die Erhaltung und Verbesserung der seelisch-geistigen Gesundheit einzusetzen, wenn sie von menschlichem Leiden erfahren,
in der Empfindung einer besonderen und direkten Verantwortung als Berufsangehöriger und Akademiker, wenn über den Mißbrauch psychologischer Theorien berichtet wird,
weist er jede Form der Folter und anderer grausamer, unmenschlicher oder erniedrigender Behandlung in bezug auf Internierung, Inhaftierung, Festhalten in psychiatrischen Einrichtungen und in klinischen Situationen zurück,
beschließt er, daß der Psychologe in keiner Weise unterstützen, zulassen oder teilnehmen soll an der Ausübung der Folter, anderer grausamer, unmenschlicher oder erniedrigender Behandlung oder Bestrafung,
beschließt weiterhin, daß der Psychologe in keiner Weise sein Wissen und seine Fähigkeiten zur Verfügung stellen soll, um die Praxis der Folter oder anderer grausamer, unmenschlicher oder erniedrigender Behandlung oder Bestrafung möglich zu machen, zu erleichtern oder darin auszubilden,
beschließt auch, daß der Psychologe jeden Versuch machen soll, daß seine Forschungsergebnisse nicht für Absichten verwandt werden, die im Widerspruch zum ursprünglichen Ziel stehen.
Er fordert alle Berufs- und akademischen nationalen und

internationalen Organisationen, Assoziationen und Unionen auf, ihre Auffassung zu diesen Fragen gegenüber ihren Mitgliedern sehr klar zu machen, –
ermutigt Organisationen und einzelne Psychologen, ihre Kollegen und Kolleginnen zu unterstützen, die sich Drohungen oder Unterdrückungsmaßnahmen als Folge der Befolgung der eben genannten Prinzipien ausgesetzt sehen, –
beschließt in Vorbereitung für den XXII. Internationalen Kongreß für Psychologie diese Frage weiterhin mit dem Ziel zu untersuchen, die Art und das Ausmaß des Mißbrauchs der Psychologie für die obengenannten Ziele zu untersuchen und umfangreiche Berufsstandesregeln auszuarbeiten, –
beschließt schließlich, daß die internationale Psychologen-Union ein Kontrollorgan einrichten soll, das, ausgestattet mit klar definierten Aufgaben und Pflichten, die internationale Psychologen-Union über Beschwerden von einzelnen Psychologen, nationalen oder internationalen Psychologen-Organisationen oder von anderen Personen oder Organisationen in bezug auf die Verletzung des Inhalts und des Geistes dieser Entschließung informieren soll.

Quelle: ai-Berufsarbeitskreis Ärzte und Psychologen: Jeder Foltertag ist zuviel. Bonn 1980.

6.4. Resolution des 4. Kongresses des Weltverbandes für Psychiatrie in Honululu 1977

Bereits in den frühen Stadien vieler Kulturen war die zentrale Bedeutung ethischer Aspekte in der Heilkunst bekannt; es gab ein Wissen um die ethische Problematik ärztlichen Handelns. Die vielseitigen und zum Teil widersprüchlichen Bindungen des Arztes in der heutigen Gesellschaft, der eigenartige und sich wandelnde Charakter des Arzt-Patient-Verhältnisses, die Möglichkeiten des Mißbrauchs psychiatrischer Kenntnisse und Fertigkeiten im Gegensatz zu den Prinzipien der Humanität: das alles sind Phänomene und Entwicklungstendenzen unserer Zeit, die den Psychiater in seiner Wissenschaft und Praxis mehr denn je zur Wahrung ethischer Grundsätze in seinem Denken und Handeln verpflichten.
Als Arzt wie als Staatsbürger hat der Psychiater die besonderen

ethischen Implikationen seines Fachgebietes ebenso zu berücksichtigen wie die moralische Verpflichtung des ärztlichen Auftrags im allgemeinen und die für jedermann gültigen Regeln menschlichen Zusammenlebens in einer Gemeinschaft.
Klare Vorstellungen und ein selbständiges Urteil sind entscheidende Voraussetzungen für sittlich fundiertes Verhalten. Trotzdem, oder auch deswegen, erscheint es angebracht und zweckmäßig, bestimmte Grundregeln schriftlich festzulegen. Sie sollen dem einzelnen Psychiater eine Hilfe bei der eigenen Meinungsbildung und für die persönliche Entscheidung sein.
Die Generalversammlung des Weltverbandes für Psychiatrie hat deshalb die folgenden Leitlinien einer fachspezifischen Berufsethik als verbindlich für die Psychiater in aller Welt erklärt.

1. Aufgabe der Psychiatrie ist die Pflege der seelischen Gesundheit, die Förderung der persönlichen Entwicklung des Menschen mit dem Ziel der Selbstverantwortung und der Selbstbestimmung in Freiheit.
   Der Psychiater soll in Übereinstimmung mit den anerkannten Prinzipien seiner Wissenschaft und der ärztlichen Ethik nach bestem Wissen und Können den Interessen seines Patienten dienen. Das allgemeine Wohl und eine gerechte Verteilung der für die Gesundheitspflege insgesamt verfügbaren Mittel soll er dabei stets angemessen berücksichtigen. Zur Erfüllung dieser Aufgaben bedarf es intensiver und kontinuierlicher Forschung in allen Bereichen der Psychiatrie, der konsequenten Aus-, Weiter- und Fortbildung aller an der psychiatrischen Versorgung beteiligten Berufsgruppen und schließlich einer gezielten Öffentlichkeitsarbeit.
2. Jedem Patienten ist die Therapie mit den für ihn größten Erfolgsaussichten anzubieten. Die Behandlung ist mit Sorgfalt und unter Beachtung der Würde des Menschen sowie des Grundrechtes der Selbstbestimmung, auch über das eigene Leben und die Gesundheit, durchzuführen. Der Psychiater ist für therapeutische Maßnahmen seiner Mitarbeiter verantwortlich. Er hat deshalb für eine angemessene Supervision und für eine qualifizierte Ausbildung Sorge zu tragen. Wann immer erforderlich, oder auch auf den ausdrücklichen und begründeten Wunsch des Patienten, sollte der Psychiater den Rat oder die Unterstützung eines erfahreneren Kollegen suchen.

7. Der Psychiater darf sein berufliches Wissen und Können niemals zur Mißhandlung von Einzelpersonen oder Gruppen benutzen. Er sollte stets darauf bedacht sein, daß persönliche Wünsche, Gefühle oder Vorurteile sein ärztliches Handeln in keiner Weise beeinflussen.
   Der Psychiater darf sich nicht an einer Zwangsbehandlung beteiligen, die nicht aufgrund des Krankheitszustandes erforderlich ist. Wenn vom Patienten oder von dritter Seite Maßnahmen verlangt werden, die gegen wissenschaftliche oder ethische Grundsätze verstoßen, muß der Psychiater seine Mitwirkung verweigern. Wenn aus irgendwelchen Gründen entweder die Wünsche eines Patienten oder seine wohlverstandenen Interessen nicht entsprechend berücksichtigt werden können, so muß er darüber informiert werden.
8. Was auch immer der Patient dem Psychiater mitteilt und anvertraut, was während der Untersuchung oder Behandlung aufgezeichnet wird, muß vertraulich bleiben. Es sei denn, der Patient entbindet den Psychiater von seiner Pflicht zur Verschwiegenheit oder ein höheres Interesse, sei es der Allgemeinheit oder des Patienten, verlangt die Offenbarung des Geheimnisses. In diesen Fällen ist der Patient unverzüglich über den erforderlichen Bruch der Schweigepflicht zu informieren.
9. Die Vermehrung und die Verbreitung psychiatrischen Wissens und Könnens verlangt die Beteiligung der Patienten. Zur Vorstellung eines Patienten im Unterricht oder zur Veröffentlichung seiner Krankheitsgeschichte bedarf es, wenn möglich, seines Einverständnisses. Alle zweckmäßigen Vorkehrungen sind zu treffen, um die Anonymität zu wahren und das persönliche Ansehen des Patienten zu schützen.
   Im Rahmen klinischer, insbesondere therapeutischer Forschungsprojekte ist jedem Patienten die bestmögliche Behandlung zu bieten. Seine Teilnahme muß freiwillig sein. Er hat Anspruch auf volle Information über Ziele, Verfahrensweisen, Risiken und Unbequemlichkeiten. Stets muß ein vernünftiges Verhältnis zwischen den kalkulierbaren Risiken oder Belästigungen für den Patienten und dem mutmaßlichen Nutzen der Untersuchung bestehen.
   Bei Kindern oder anderen einwilligungsunfähigen Patienten bedarf es der Zustimmung des gesetzlichen Vertreters oder einer rechtlich befugten Vertrauensperson.

10. Jedem Patienten oder Probanden steht es jederzeit frei, ohne Angabe von Gründen die Fortführung jeder Form der freiwilligen Behandlung oder die weitere Beteiligung an einem Lehr- oder Forschungs-Programm abzulehnen. Eine Verweigerung der Behandlung oder der Teilnahme an einem Lehr- oder Forschungs-Programm darf den Psychiater niemals in seinen Bemühungen, dem Patienten oder Probanden zu helfen, beeinflussen.
Der Psychiater sollte jedes therapeutische, jedes Lehr- oder Forschungs-Programm, das sich im Widerspruch zu den Prinzipien dieser Erklärung entwickelt, abbrechen.

6.5. ai-Berufsarbeitskreis Ärzte und Psychologen

Ärzte und Psychologen für amnesty international

Im März 1979 trafen sich erstmals in der Bundesrepublik Deutschland Ärzte und Psychologen im Bonner Sekretariat von amnesty international, um sich gemeinsam für folgende Ziele einzusetzen:

- Sichwenden gegen unmenschliche Behandlung von politischen Gefangenen, gegen Folter und willkürliche Verhaftung Unschuldiger,
- Vermittlung von medizinischer und psychotherapeutischer Hilfe von psychisch und physisch geschädigten Asylanten,
- Unterstützung von verfolgten Kolleginnen und Kollegen, besonders dann, wenn sie ihrem Gewissen folgend sich weigerten, an Folterungen teilzunehmen,
- Protest gegen und Aufklärung über den Mißbrauch des Arzttums und der psychologischen Wissenschaft zu politischen Zwecken,
- Kontakt zu Berufsverbänden und Fachzeitschriften.

Die gemeinsame Tagung der Ärzte und Psychologen ergab sich aus vielfältigen Berührungspunkten.
Die Spätschäden bei Folteropfern nach physischer und psychischer Folter und deren Behandlung, die häufige Verfolgung von Kolleginnen und Kollegen beider Berufsgruppen ließen eine Zusammenarbeit sinnvoll erscheinen. Wir waren uns

bewußt, daß neben diesen Gemeinsamkeiten berufsspezifische Probleme bestehen, von denen jede der beiden Berufsgruppen in besonderer Weise betroffen ist.

Für Ärzte ist das der Fall,

- wenn Kolleginnen und Kollegen zur Überwachung von Folterungen eingesetzt werden, um Todesfälle zu vermeiden. Besonders gefährdet sind hier Polizei-, Gefängnis- und Militärärzte,
- wenn Chirurgen gesetzlich verpflichtet werden sollen, Amputationen von Händen und Füßen bei Straftätern durchzuführen. Mit der Wiedereinführung der islamischen Gesetze ist diese Gefahr gegeben,
- wenn die Psychiatrie zu politischen Zwecken zur »Behandlung« von Regimekritikern mißbraucht wird. Dies gilt besonders für die Sowjetunion, Rumänien und die CSSR,
- wenn die Verhängung der Todesstrafe bei Schwerverbrechern von der psychiatrischen Diagnose »gewissenloser Soziopath« abhängig gemacht wird. Zur Zeit wird dieses Verfahren in Texas angewandt.

Für Psychologen ist das der Fall

- wenn Erkenntnisse der Psychoanalyse, der Verhaltenstherapie und Kommunikationspsychologie zu psychologischen Foltermethoden pervertiert werden,
- wenn es gilt, Aufklärungsarbeit über die Psychofolter zu leisten und Gegenstrategien zu entwickeln.

Der gesamte Arbeitskreis »Ärzte – Psychologen« von amnesty international einschließlich Förderer umfaßt z. Z. in der Bundesrepublik etwa 500 Kolleginnen und Kollegen. Es ist uns sehr daran gelegen, daß dieser Teilnehmerkreis vergrößert wird. Für die Mitteilung von Adressen von Interessenten wären wir sehr zu Dank verbunden.

Weltweit beteiligen sich bei amnesty international z. Z. über 4000 Ärzte. In 23 Ländern gibt es Arbeitskreise.

Wie können Sie uns helfen?

Wir sind uns dessen bewußt, daß der »Zeitfaktor« bei einer Mitarbeit von großer Bedeutung ist. Deshalb haben wir Möglichkeiten entwickelt, die es Ihnen gestatten, ohne nennenswerten Zeitaufwand für unseren Arbeitskreis tätig zu sein. Eine Mitgliedschaft bei amnesty international ist hierzu nicht erforderlich.

Diese Mitarbeit besteht

- in Beteiligung an vorbereiteten auf neutralem Papier vorformulierten, unterschriftsreifen Briefaktionen,
- in der Versendung von Telegrammen mit Kostenübernahme bei besonders dringenden Fällen. Wir sind bereit, diese Versendung von Telegrammen auf Ihren Wunsch für Sie zu übernehmen.
- Auslegen von ai-Informationsmaterial in Warteräumen zur Information der Bevölkerung,
- durch finanzielle Unterstützung.

Bei diesen aufgezählten Möglichkeiten der Mithilfe können Sie schon mit einem Zeitaufwand von etwa drei Stunden pro Jahr wesentliche Hilfe leisten.

Wer mehr Zeit aufbringen möchte, kann dies z. B. durch Übernahme einer Verteilerfunktion tun, indem er bereit ist, bei einer Briefaktion Kopien an ihm bekannte, interessierte Ärzte und Psychologen zu versenden.

Gerade diese Verteilerfunktion ist für die Ausbreitung unserer Arbeit in der Bundesrepublik außerordentlich wichtig. Bei dieser Mitarbeit müßte mit einem Zeitaufwand von etwa 12 bis 15 Stunden im Jahr gerechnet werden.

Wer jedoch im Arbeitskreis »Ärzte – Psychologen« aktiv mitarbeiten möchte, kann sich an folgenden Aufgaben beteiligen:

1. Therapeutische Hilfe leisten für Folteropfer, Flüchtlinge und Asylanten (klinische Psychologen und Psychotherapeuten),
2. Mitarbeit bei der Entwicklung von Aufklärungsmaterial über psychologische Foltermethoden und Gegenstrategien für die von Foltermethoden bedrohten politischen Häftlinge,
3. Beteiligung an Solidaritätsaktionen für betroffene Kolleginnen und Kollegen,
4. Beteiligung an einem Arbeitskreis von Kolleginnen und Kollegen am Wohnort.

Wir treffen uns mehrmals jährlich an Wochenenden, um über weitere Aktionen zu beraten. Das geschieht in Abstimmung mit dem internationalen Sekretariat und dem medizinischen Beirat in London und den mittlerweise in 23 Ländern tätigen nationalen Ärztearbeitskreisen.

Kontaktadressen des ai-Berufsarbeitskreises Ärzte und Psychologen

Wolfgang Schumann, Dipl.-Psych.
Friedenstraße 45
5600 Wuppertal 12

Dr. med. Dietmar Schmitz-Burchartz,
Arzt für Allgemeinmedizin
Idastraße 65
4270 Dorsten 21

Anmerkungen

1. Einleitung

1 Lauret, J. C./Lasierra, R.: La torture propre. Paris 1975.
2 Erklärung der Vereinten Nationen über den Schutz aller Menschen vor Folter und anderer grausamer, unmenschlicher oder erniedrigender Behandlung oder Bestrafung. Entschließung 3452 (XXX) vom 9. Dezember 1975. (Siehe Kapitel 6.)
3 Die Milgramschen Gehorsamsexperimente werden im Kapitel 2.2 ausführlich behandelt.

2. Psychologie des Folterers

1 Kogon, E.: Der SS-Staat. Das System der Konzentrationslager. München 1974, S. 344.
2 Gemeint sind hier die Feierabend-Folterer, wie sie z. B. in Argentinien als Antikommunistische Allianz Argentiniens (AAA) oder in Brasilien als Antikommunistische Allianz Brasiliens (AAB) auftreten.
3 ai (ed.): Torture in Greece. London 1977, S. 41.
4 Claudius, T./Stephan, F.: Amnesty International. Portrait einer Organisation. München und Wien 1977[2], S. 114.
5 Harrison, P.: The Sociology of Lower Hell. In: New Society, 2, December 1976, S. 456.
6 Fanon, F.: Die Verdammten dieser Erde. Reinbek bei Hamburg 1969, S. 202.
7 Adler, A.: Über den nervösen Charakter. Frankfurt 1972.
8 Kogon, E.: a.a.O., S. 361.
9 Dollard, J., et al.: Frustration und Aggression. Weinheim 1973[5].
10 ai (ed.): Torture in Greece, a.a.O., S. 38.
11 Milgram, S.: Das Milgram-Experiment. Zur Aufdeckung der Gehorsamsbereitschaft gegenüber Autorität. Reinbek bei Hamburg 1974.
12 Ebd., S. 38.
13 Theofiloyannakos kommandierte die Militärpolizei von 1970 bis 1972.
14 ai (ed.): Torture in Greece, a.a.O., S. 50 f.
15 Ebd., S. 42.
16 Mantell, D. M.: Das Potential zur Gewalt in Deutschland. In: Schmidt-Mummendey, A./Schmidt, H. D. (Hg.): Aggressives Verhalten. München: Juventa 1972, S. 161–177.

17 Zimbardo, P. G.: The mind is a formidable jailer. A Pirandellian prison. In: New York Times Magazine, 8. April 1973, Sektion 6, S. 38–60.
18 s. Streiffeler, F.: Politische Psychologie. Hamburg 1975.
19 s. Claußen, B. (Hg.): Materialien zur politischen Sozialisation. München 1976.
20 Adorno, T., et al.: The authoritarian personality. New York 1950. Einen Überblick über den heutigen Stand der Autoritarismusforschung findet man in: Streiffeler, F., a.a.o., S. 127–148.
21 Broszat, M. (Hg.): Kommandant in Auschwitz. Autobiographische Aufzeichnungen des Rudolf Höss. München 1963.
22 Ebd., S. 25f.
23 Lindgren, H. C.: Einführung in die Sozialpsychologie. Weinheim und Basel 1974², S. 477f.
24 Geuter, U.: Psychiatrisch-psychologische Folter in Chile und die psychosoziale Betreuung lateinamerikanischer Flüchtlinge. Ein Interview mit dem chilenischen Arzt Dr. Jorge Barudy. In: Psychologie und Gesellschaftskritik, 6/7, 1978, S. 97.
25 Koch, P./Oltmanns, R.: Die Würde des Menschen. Folter in unserer Zeit. Hamburg 1979, S. 263.
26 Milgram, S.: a.a.O., S. 26.
27 ai (ed.): Kampagne zur Abschaffung der Folter. Informationsmappe. Daraus: Beruz Tehrani: »Das Opfer«.

3. Psychische Foltermethoden

1 Lauret, J. L./Lasierra, R.: La torture propre, a.a.O.
2 Ebd., S. 14.
3 Ebd., S. 16.
4 Farber, I. E./Harlow, H. F./West, L. J.: Brainwashing, conditioning, and DDD. In: Sociometry, 20, 4. Dezember 1957, S. 271–285.
5 Anastasi, A.: Angewandte Psychologie. Weinheim und Basel 1973, S. 684.
6 Bidermann-Schema, entnommen aus: ai (Hg.): Bericht über die Folter. Frankfurt 1975.
7 Schein, E.: The Chinese indoctrination program for prisoners of war: A study of attempted brainwashing. In: Sigel, R. (ed.): Learning about politics. A reader in political socialization. New York 1970.
8 Koch, P./Oltmanns, R.: Die Würde des Menschen, a.a.O.
9 Ebd., S. 131.
10 Équipe de médecins, psychiatres, neurologues et psychologues chiliens (Hg.): L'appareil répressif et le prisonnier politique. Paris 1977.
11 Zubek, J. P. (Hg.): Sensory Deprivation. Fifteen Years of Research. New York 1969.

12 Bexton, W. H./Heron, W./Scott, T. H.: Effects of decreased variation in the sensory environment. In: Canadian Journal of Psychology, 8, 1954, S. 70–76.
13 ai (Hg.): Uruguay. Porträt der Folterkammer Nr. 1 Lateinamerikas. Bonn 1978, S. 114.
14 Wade, N.: Technology in Ulster: Rubber bullets hit home, brainwashing backfires. In: Science, Vol. 176, 1972, S. 1102–1106.
15 Equipe de médecins, psychiatres, neurologues et psychologues chiliens (Hg.), a.a.O., S. 15ff.
16 ai (Hg.): Bericht einer Mission in die Philippinen. November/Dezember 1975. Hamburg 1976.
17 Das Referat erschien in Le Nouvel Observateur am 2. 8. 1976, S. 29ff. Berichtet wurde darüber auch in den Chile-Nachrichten, Nr. 43, 1976, S. 3ff.
18 Ebd.
19 Schizophrenie und Familie. Beiträge zu einer neuen Theorie von J. Bateson, D. D. Jackson, Th. Lidz, H. F. Searles, L. C. Wynne. Frankfurt 1974.
20 Amati, S.: Reflexionen über die Folter. Zur Einleitung einer psychoanalytischen Diskussion. In: Psyche, 3, 1977, 228–245.
21 Ebd.: S. 233.
22 Geuter, U.: Interview mit dem exilchilenischen Arzt Dr. Jorge Barudy. In: Psychologie und Gesellschaftskritik, 6/7, 1978, S. 94.
23 ai (Hg.): Politische Gefangene in der UdSSR. Ihre Behandlung und ihre Haftbedingungen. Frankfurt 1980.
24 Podrabinek, A.: Strafmedizin. Die deutsche Zusammenfassung seiner Dokumentation ist abgedruckt worden in den Mitteilungen des Medizinischen Literaturdienstes des Osteuropa-Institutes an der Freien Universität Berlin, Heft 8, 1977.
25 Bloch, S./Reddaway, P.: Dissident oder geisteskrank? Mißbrauch der Psychiatrie in der Sowjetunion. München und Zürich 1978.
26 Geuter, U.: Politische Psychiatrie in der UdSSR. Ein Gastvortrag der Freien Universität Berlin von Dr. Jouri Novikov. Sonderdruck: Die Berliner Ärztekammer, 16, 1979, Heft 2.
27 Eine detaillierte Beschreibung der psychiatrischen Sonderanstalten ist in ai (Hg.): Politische Gefangene in der UdSSR, a.a.O., sowie in der oben erwähnten Dokumentation von Alexander Podrabinek zu finden.
28 Bloch, S./Reddawy, a.a.O.
29 Novikov, J.: Kronzeuge gegen den KKB. In: Stern, Nr. 16, 1978, S. 138.
30 Podrabinek, A., a.a.O., S. 92.
31 ai (Hg.): Politische Gefangene in der UdSSR, a.a.O., S. 146.
32 Ebd., S. 143.
33 ai (Hg.): Rumänien. Zur politischen Verfolgung seit 1970. Baden-Baden 1978.

34 Ebd., S. 56f.
35 Freie Gesellschaft zur Förderung der Freundschaft mit den Völkern der Tschechoslowakei e. V., Postfach 116, 8000 München 22.
36 Die Würde des Menschen in der Psychiatrie. Psychologie Heute, Heft 2, 1978, S. 12.
37 Koch, P./Oltmanns, R., a.a.O., S. 238.
38 Diese Erklärung zum Schutz der Menschenrechte wurde von den Vereinten Nationen am 10. 12. 1948 proklamiert und bis heute von den meisten Nationen unterzeichnet.
39 Podrabinek, A., a.a.O., S. 92f.
40 ai (Hg.): Politische Gefangene in der UdSSR, a.a.O., S. 152ff.
41 ai (Hg.): Uruguay, a.a.O., S. 40.
42 Redlich, F. C./Freedman, D. X.: Theorie und Praxis der Psychiatrie. Frankfurt 1976, Band 1, S. 431f.
43 Fanon, F.: Die Verdammten dieser Erde, a.a.O., S. 218f.
44 Geuter, U.: Interview mit dem exilchilenischen Arzt Dr. Barudy, a.a.O., S. 95.
45 ai (Hg.): Peru. Berichte und Dokumente zur Lage der Menschenrechte. Bonn 1978.
46 ai (Hg.): Uruguay, a.a.O., S. 107.
47 Bukowski, W./Glusman, S.: Psychiatrie-Handbuch für Dissidenten. Auszug daraus in: Psychologie Heute 9, 1977, S. 33.
48 Geuter, U.: Interview mit dem exilchilenischen Arzt Dr. Barudy, a.a.O., S. 95.
49 ai (Hg.): Uruguay, a.a.O., S. 34.
50 Podrabinek, A., a.a.O., S. 93.

4. Psychische Folterwirkungen

1 Frankl, V. E.: ... trotzdem Ja zum Leben sagen. Ein Psychologe erlebt das Konzentrationslager. München 1978[3].
2 Ebd., S. 141.
3 Ebd., S. 147.
4 Bastiaans, J.: Das Phasensystem des KZ-Syndrom. In: Psychologie Heute, 1, 1978, S. 71.
5 Ebd., S. 71.
6 Farber, I. E./Harlow, H. F./West, L. J.: Brainwashing, Conditioning and DDD, a.a.O., S. 271–285.
7 Ebd., S. 278.
8 Fanon, F.: Die Verdammten dieser Erde, a.a.O., S. 215ff.
9 ai (ed.): Evidence of Torture. Studies by the Amnesty International Danish Medical Group. London 1977.
10 Ebd., S. 19.
11 Equipe de médecins, psychiatres, neurologues et psychologues chiliens (Hg.): L'appareil repressif et le prisonnier politique, a.a.O., S. 21ff.

12 Geuter, U.: Interview mit dem exilchilenischen Arzt Dr. Jorge Barudy, a.a.O., S. 99.
13 Eitenger, L.: Pathology of the concentration camp syndrome. Preliminary report. In: Arch.gen.Psychiat., 5, 1961, S. 371.
14 Hermann, K./Thygesen, P.: Die Wirkungen des KZ-Syndroms 19 Jahre danach – eine medico-soziale Analyse. Kongr. Budapest 1964.
15 Bastiaans, a.a.O., S. 71.
16 Ebd., S. 71.
17 Tuteur, W.: One hundred concentration camp survivors: twenty years later. In: Israel Annuals of Psychiatry + Related Disciplines, 4, 1, 1966, S. 78–90.
18 Matussek, P. et al.: Die Konzentrationslagerhaft und ihre Folgen. Berlin, Göttingen, Heidelberg 1971.
19 Antonovsky, A., et al.: Twenty-five years later: A limited study of sequelae of the concentration camp experience. In: Social Psychiatry, 6, 4, 1971, S. 186–193.
20 Hoppe, K. D.,: Chronic reactive aggression in survivors of severe persecution. In: Comprehensive Psychiatry, 12, 3, 1971, S. 230–237.
21 Eitenger, L.: Mortality and morbidity after excessive stress. In: Ceskoslovenska Psychiatrie, 69, 4, 1973, S. 209–218.
22 Keller, G.: Die Psychologie der Folter. In: Psychologie Heute, 3, 1978, S. 44.
23 Améry, J.: Jenseits von Schuld und Sühne: Bewältigungsversuche eines Überwältigten. Stuttgart 1977, S. 73.
24 Sigal, J. J., et al.: Some second generation effects of survival of the Nazipersecution. In: American Journal of Orthopsychiatry, 43, 3, 1973, S. 320–327.
25 Rustin, S. L./Lipsig, F. S.: Psychotherapy with the adolescent children of concentration camp survivors. In: Journal of Contemporary Psychotherapy, 4, 2, 1972, S. 87–94.
26 Barocas, H. A.: Children of the purgatory: Reflections on the concentration camp survival syndrome. In: International Journal of Social Psychiatry, 21, 2, 1975, S. 87–92.
27 Ebd., S. 87.
28 Karr, S. D.: Second generation effects of the Nazi holocaust. In: Dissertation Abstracts International, 34, 1973, S. 2335–2936.
29 Equipe de médecins, psychiatres, neurologues et psychologues chiliens (Hg.), a.a.O., S. 28f.
30 Mündlicher Bericht von Vertretern der dänischen ai-Ärztegruppe anläßlich der Gründungsversammlung des deutschen ai-Mediziner- und Psychologen-Arbeitskreises im März 1979 in Bonn.
31 Amati, S.: Reflexionen über die Folter, a.a.O.
32 Ebd., S. 229.

5. Konsequenzen

1 Bloch, S./Reddaway, P.: Wie Abweichler zu Irren gestempelt werden. In: Die Zeit, Nr. 35, 19. August 1977, S. 16.

2 Proposed draft for a resolution to be proposed at the XXIst International Congress of Psychology, Paris July 1976.

3 Die Würde des Menschen in der Psychiatrie. Psychologie Heute, 2, 1978, S. 12f. (Siehe Kapitel 6.)

4 Ärzte prangern Folter an. Bericht in der Frankfurter Rundschau (AP) vom 14. März 1978. Siehe auch: Weller C.: Bericht über ein ai-Medizinertreffen am 10./11. 3. 1978 in Athen. In: ai-informationen, 6, 1978, S. 21f.

5 Arbeitskreis Mediziner und Psychologen gegründet. ai-informationen, 5, 1979, S. 17. Wer Interesse an der Mitarbeit hat, wende sich an die auf Seite 98 genannten Kontaktadressen.

6 Bastiaans, J.: Terror: Psychologie der Opfer, In: Psychologie Heute, 1, 1978, S. 66–72.

7 Ebd., S. 72.

8 Geuter, U.: Psychiatrisch-psychologische Folter in Chile und die psychosoziale Betreuung lateinamerikanischer Flüchtlinge. Ein Interview mit dem chilenischen Arzt Dr. Jorge Barudy, a.a.O., S. 89–107.

9 Psychosoziales Therapiezentrum für Lateinamerikaner, Westendplatz 30, 6000 Frankfurt/Main. Tel.: 0611/72 81 97.

10 Hambrink, J.: Das Projekt »Menschenrechtserziehung«. ai-informationen, 6, 1979, S. 13.

Literaturempfehlungen

ai (Hg.): Evidence of Torture: Studies by the Amnesty International Danish Medical Group. Amnesty International Publications. London 1977.

ai (Hg.): Bericht über die Folter. Frankfurt 1975.

Amati, S.: Reflexionen über die Folter. Zur Einleitung einer psychoanalytischen Diskussion. In: Psyche, 3, 1977, S. 228–245.

Améry, J.: Jenseits von Schuld und Sühne. Bewältigungsversuche eines Überwältigten. Stuttgart 1977.

Askenasy, H.: Sind wir alle Nazis? Zum Potential der Unmenschlichkeit. Frankfurt 1979.

Bloch, S./Reddaway, P.: Dissident oder geisteskrank? Mißbrauch der Psychiatrie in der Sowjetunion. München und Zürich 1978.

Equipe de médecins, psychiatres, neurologues et psychologues chiliens (Hg.): L'appareil repressif et le prisonnier politique. Paris 1977.

Fanon, F.: Die Verdammten dieser Erde. Reinbek bei Hamburg 1969.

Geuter, U.: Psychiatrisch-psychologische Folter in Chile und die psychosoziale Betreuung lateinamerikanischer Flüchtlinge. In: Psychologie und Gesellschaftskritik, 6/7, 1978.

Frankl, V. E.: ... trotzdem Ja zum Leben sagen. Ein Psychologe erlebt das Konzentrationslager. München 1978^{3}.

Keller, G.: Die Psychologie der Folter. Sonderteil in: Psychologie Heute, 3, 1978.

Koch, P./Oltmanns, R.: Die Würde des Menschen. Folter in unserer Zeit. München 1979.

Kogon, E.: Der SS-Staat. Das System der Konzentrationslager. München 1974.

Lauret, J. C./Lasierra, R.: La torture propre. Paris 1975.

Matussek, P., et al.: Die Konzentrationslagerhaft und ihre Folgen. Berlin, Göttingen, Heidelberg 1971.

Milgram, S.: Das Milgram-Experiment. Zur Aufdeckung der Gehorsamsbereitschaft gegenüber Autorität. Reinbek bei Hamburg 1974.

Podrabinek, A.: Strafmedizin. Mitteilungen des Medizinischen Literaturdienstes deds Osteuropa-Institutes an der FU-Berlin, Heft 8, 1977.

Sigal, J. J., et al.: Some second generation effects of survival of the Nazi persecution. American Journal of Orthopsychiatry, 43, 3, 1973, S. 320–327.

Vasquez, A.: Referat auf dem XXI. Internationalen Kongreß für Psychologie in Paris 1976. Abgedruckt unter dem Titel »Psychologische Folter« in den Chile-Nachrichten, 4, 43, 1976, S. 3–7.

Weitere Veröffentlichungen von amnesty international

Äthiopien – Haftbedingungen in ...
Ein authent. Bericht von Mesfin Bekele
20 Seiten, 2. Aufl. April 1980

Brasilien – Der Protest der politischen Gefangenen
170 Seiten, Dezember 1978

BR Deutschland – Bewährungsprobe für ein Grundrecht (Asyl)
509 Seiten, 1. Aufl. 1978

BR Deutschland – Memorandum zu Haftbedingungen
44 Seiten, Juni 1980

China – Politische Gefangene in der Volksrepublik ...
32 Seiten, 2. erw. Aufl. Juni 1979

CSSR – Charta 77
121 Seiten, 2. erw. Aufl. Juni 1979

Griechenland – Folter in ... – Der erste Prozeß gegen Folter
164 Seiten, 1. Aufl. 1977

Guatemala – Politischer Mord als Regierungsprogramm
48 Seiten, Februar 1981

Indonesien – Ein Bericht von amnesty international
184 Seiten, 1. Aufl. 1977

Irak – Ein Bericht über die Folter
76 Seiten, April 1981

Israel – Bericht über eine Mission (Kurzfassung)
12 Seiten, September 1980

Laos – Politische Gefangene in der Demokratischen Volksrepublik Laos
28 Seiten, April 1980

Singapur – Bericht über eine Mission
50 Seiten, Mai 1980

Südkorea – Menschenrechtsverletzungen in ...
72 Seiten, März 1981

Türkei – Folter und Todesstrafe in der ...
64 Seiten, aktual. Aufl., März 1981

USA – Zum Tode verurteilt in den USA
24 Seiten, 4. Aufl., Dezember 1980

USA – The Death Penalty in the USA
28 Seiten, November 1980

Zaire – Menschenrechtsverletzungen in ...
52 Seiten, Mai 1980, mit Ergänzung Juni 1980

Ärzte und Psychologen gegen Folter
16 Seiten, Mai 1980

Standesregeln – Eine Strategie, Folter undenkbar zu machen
34 Seiten, 2. Aufl. 1979

ai-Gottesdienste
100 Seiten, 2. erw. Aufl., Januar 1978

Kinder – Opfer politischer Verfolgung
28 Seiten, 2. erw. Aufl., November 1979

ai in der Weltpresse
40 Seiten, Oktober 1980

Gewerkschaftszeitung
12 Seiten, April 1981

SHUT UP! – Cartoons for Amnesty
50 Karikaturen, 111 Seiten, 2. Aufl., 1978

Zu beziehen bei:
amnesty international
Sektion der Bundesrepublik Deutschland e. V.
Heerstraße 178, 5300 Bonn 1
Tel.: (0228) 650981

---

ai
amnesty international

Sektion der
Bundesrepublik
Deutschland e. V.
Heerstraße 178
5300 Bonn 1
Postscheckkonto
Köln: 224046–502
(BLZ 370 100 50)
BKD-Duisburg
Konto Nr. 30000
(BLZ 350 601 90)

Luxemburgische Sektion
Case postale 1914
Luxembourg
C.C.P. Luxembourg
33–33

Österreichische Sektion
Eßlinggasse 15/4
1010 Wien
Erste Österreichische
Spar-Casse 003–16326

Schweizer Sektion
Postfach 1051
3001 Bern
PC-Kto./Chèque
postal 30–3417
Kantonalbank Bern